D1729378

Die Dabbschädel

der Weltgeschichte

Wer wurde im Verlauf der Menschheitsgeschichte
zu Recht oder Unrecht so tituliert?

Erklärungen in Pfälzer Mundart gereimt
vom richterlich befragten Sachverständigen
in Sachen Dabbschädel

Paul Tremmel

Erschienen 2007 im Verlag
Paul Tremmel · Weinstr. 21a · 67147 Forst
Tel. 06326/6493; Fax 06326/378

ISBN NR. 978 - 3 - 9809914 - 2 - 1
ISBN NR. 3 - 9809914 - 2 - 3

Druck: Steinmetz & Schmitz GmbH, Forst
Idee und Texte: Paul Tremmel

Dabbschädel. Warum dieser Buchtitel?

Irgendwann in meinem sehr bewegten Leben, wurde ich nach Vorschlag durch Rechtsanwalt Peter Reuther aus Speyer, als Sachverständiger von einem Richter befragt, wann „Dabbschädel" in der Pfalz eine Beleidigung ist. Die Frage war nicht leicht zu beantworten. Da hat schon Einstein recht. Es ist halt alles relativ. Zunächst einmal: Was ist ein Dabbschädel? Ganz klar – er ist immer männlichen Geschlechtes. Eine Frau kann überhaupt kein Dabbschädel sein und der höfliche Pfälzer wird eine Dame, eine Frau, nie als solchen bezeichnen. Hier endet die Gleichberechtigung, nicht einmal Brüssel wird erreichen, dass eine Frau ein Dabbschädel ist. Das Hauptwort Dabbschädel, leitet sich vom Eigenschaftswort „dabbisch" ab. Ein Beispiel: Wer versehentlich zwei verschiedene Schuhe anzieht, ist dabbisch, vielleicht nur üwwerzwerch. Wenn die Frau merkt, dass der Mann einen braunen und einen schwarzen Schuh anhat, wird sie vermutlich fragen: „Bischt du dabbisch?" Oder nicht als Frage, sondern als Feststellung ausdrücken: „Bischt duu dabbisch!" Erst zu ihrer Freundin, wird sie sagen: „Mein Dabbschädel hotten schwarze un en braune Schuh a´gezoche, awwer er is halt dabbisch." Da wird schon jedem klar: Eine juristische Beleidigung ist das nicht.

Sie wird wohl auch nicht wahr haben wollen, dass ihr Mann ein Dabbschädel ist, weil er sie geheiratet hat. Auch wenn es der Mann so sieht. Sie wird schon eher sich wegen ihrer Verheiratung als dabbisch bezeichnen. Was auch keine Beleidigung ist, selbst wenn sie zugibt: „Ich dabbischie Goije hab denn Dabbschädel jo hawwe müsse."

Sie sehen: Es ist nicht so einfach in sachverständiger und juristischer Weise festzulegen wer dabbisch – oder gar ein Dabbschädel ist. Und Dabbschädel, haben mit dabbischen Sachen in der Weltgeschichte auch schon allerhand Gutes angerichtet. (siehe Pontius Pilatus Seite 25, oder die Helden vom Hambacher Fest Seite 108)

Schwer ist es, zu entscheiden, wann Dabbschädel eine Beleidigung ist. Und ich Dabbschäddel habe mich auf so etwas eingelassen. Ich werde auch niemand verklagen, der zu mir sagt: „Paul – du Dabbschädel, warum bischt dann am Montag Owend net kumme? Es war so klor!" Denn ich war wirklich ein Dabbschädel, weil ich statt in gemütlicher Weinrunde, lieber vor einer langweiligen Fernsehsendung saß, von der man mit Recht sagt: „Was henn dann die Dabbschädel for dabbisch Zeig gebroocht?"

In Kurzgeschichten und Gedichten habe ich versucht, die Begriffe dabbisch und Dabbschädel an Hand von Zeitgenossen aller Epochen aufzuzeigen.

Inhaltsverzeichnis

Inhaltsverzeichnis

Eva

Vun Eva – unserer Menschheitsmutter,
do wääß mer jo – seid Martin Luther,
dass ach die Eva offenbar,
im Paradies schunn dabbisch war.

Wann Gott sei Allmacht demonschtriert
un ´s Beschte sich dann reserviert,
do fahrt mer ´s allerbeschte schunn,
mer loßt sei Finger dodevun.

Was war´s so schöö – im Paradies,
die Kersche – Quetsche – zuckersüß,
mer konnt de beschte Fruchtsaft schlürfe
un alles hott mer nemme dürfe,
jedoch ann ehns do derf mer net:
Em Herrgott sei Privatrenett.
Der Appel schteht bloos ihm dann zu,
un war for annere tabu.

Doch graad in denn – wie heit mer wisse,
hott der dumm Adam neigebisse.
Warum? Wann do jetzt enner froocht:
Die Eva hotten mitgebroocht
un er beißt nei - ´s gibt e Hallo,
de erschte Dabbschädel war do.

Dabbschädel gibt es, seit es Menschen gibt. Fangen wir also am Anfang an:
Der Erste, der mir da einfällt, ist der, der so dabbisch war, einfach in einen dargebotenen Apfel zu beißen und uns dadurch das Paradies vermasselt hat:

Adam - de erschte Dabbschädel

Ich kann den Eidruck net vermeide,
dass es bereits seit alle Zeite,
mer in de G`schichte Mensche kennt,
die Dabbschädel zu recht mer nennt.

Wie ich des jetzt behaupte kann,
ja – fang ´n mer aa – beim erschte Mann?
Des war en Mann der Adam hieß,
gelebt hott der im Paradies,
der hott net uff sei Ripp geacht
un was de Herrgott draus gemacht.

Du liewie Zeit – des war mol so,
jetzt war halt ach die Eva do.
Doch ´s is mit Fraue net zu schpasse,
drum hääßt ´s do jo ach uffzubasse.
Un wann e Fraa ´me Mann was bringt,
do muss der jo doch u´bedingt,
erscht frooge – wu duhscht du des hole?
Ja hoscht dann des am End net g´schtohle?

Ganz sicherlich gibt ´s dann Verdruss,
wann mer als Mann doch wisse muss,
dass em de Herrgott jo verdammt,
wann was aus seim Private schtammt.
Do muss er sich als Mann beweise,
mer hott net efach nei zubeiße.
Die Folge - ´s duht die Bibel sage,
die hemmer jo noch heit zu trage.
So dass mer doch de erschte Mann,
mit Recht Dabbschädel nenne kann.
Der Dabbschädel beißt efach nei,
so dabbisch derf mer doch net sei.
Was is em Herrgott üwwerich bliwwe?
Er wollt sei Ruh – hott uns vertriwwe.

Doch is die G´schicht for ehns noch gut,
weil ´se doch klar beweise duht,
Dabbschädel gibt ´s seit aller Zeit
un sicherlich net erscht seit heit.

Wu einwandfrei un sunneklar,
de erschte Mensch schunn enner war.

Klar, dass sich zumindest einer seiner Söhne ebenfalls dabbisch dran stellte, was sogar in einem Mord endete:

de Kain

Doch gab ´s schunn ball noch´m Adam Ärger,
sein Sohn de Kain – der war halt schtärker,
als wie sein Bruder – denn mer kennt
un in de Bibel Abel nennt.

Die Brüder waren unnerschiedlich,
e klennscht – der Abel – der war friedlich,
der hüt die Schoofe – vun seim Sitz,
der Kain war meh en Hitzeblitz,
nadierlich dann ach voller Kraft,
der denkt – dass Abel net viel schafft,
der hott ach net viel Bruderlieb,
versetzt dem Abel dann en Hieb,
der schnappt noch Luft – schunn war er fort.
Des war de erschte Brudermord.
Warum, so froogt mer sich noch heit,
is des bassiert – in deere Zeit?
Do is die Antwort awwer klar,
ja – weil der Kain halt dabbisch war
un muss – heit sieht des jeder ei,
en Dabbschädel gewese sei.
Wann enner sitzt un hüt sei Schoofe
un enner denkt – der Kerl duht schloofe,

do denkt der sicherlich net richtig,
dann Schoofe hüte is schunn wichtig.

Oft hott mer do ach rumzuhetze
Doch manchmol kammer sich ach setze
Un schunn denkt enner – wann er blööd,
dass der de ganz Dag schloofe deht.

En Dabbschädel – der voller Kraft,
der denkt halt oft – dass er was schafft,
bloos weil er ackert wie en Gaul
un alle annere sinn faul.
Dass annere ehr Pflicht erfülle,
des awwer leise un im Schtille,
des henn die halt im Kopp net drinn,
ganz efach – weil ´se dabbisch sinn.

Un ´s gibt noch so ´re lange Zeit,
die Dabbschädel jo ach noch heit.

Doch es gibt Dabbschädel wohl schon viel länger, denn lange vor Adam und Eva sowie ihren Söhnen Kain und Abel muss es im Weltall schon Dabbschädel gegeben haben. Ich vermute es und versuche es zu beweisen.

Der älteste Beruf

Es stritten sich dereinst fünf Leute, wessen Beruf denn der älteste auf der Welt wäre.

Es waren:
Ein Bootsbauer;
ein Schäfer;
ein Gärtner;
ein Elektriker;
und ein Politiker;

Der Bootsbauer führte an: Wir haben die Arche gebaut, das war vor der Sintflut.

Doch der Schäfer beanspruchte das Recht für sich: Abel – der von Kain erschlagen wurde, war ein Schäfer. Das war viel früher.

Halt – meldete sich der Gärtner: Wie war denn das mit dem Paradies – dem Garten Eden. Da müssen doch Gärtner am Werk gewesen sein?

Moment – nahm der Elektriker das Wort. Heißt es nicht in der Bibel, am Anfang war großes Chaos? Dann sprach der Herr: Es werde Licht. Wir Elektriker sind der älteste Beruf, denn wenn wir die Leitungen nicht verlegt hätten, wäre es doch mit dem Licht nichts geworden. Nach dem großen Chaos.

„Seht ihr," – sagte der Politiker – „am Anfang war großes Chaos. Und wer hat dieses Chaos hervorgebracht?"
Jeder erkannte an, dass Politiker der älteste Beruf sein muss.

Also gab es offensichtlich die Dabbschädel schon vor dem Urknall. Wie sonst hätte das Chaos entstehen können, von dem in der Bibel die Rede ist?

Bei einem ist es nicht ganz zu klären, ob das was er getan hat, auch rechtfertigt, ihn einen Dabbschädel zu nennen. Als Dabbschädel auf der Welt, durch Ungehorsam und Sünden, den Schöpfer zur Weißglut brachten, platzte diesem der Kragen und er befahl: *All versääfe!* Und so ordnete er die Sintflut an.
Doch ganz leer wollte der Schöpfer die Welt auch nicht haben und so bekam Noah die Anordnung, ein Schiff – die nach ihm benannte Arche zu bauen. Und die Anweisung von jeder Tierart ein Pärchen mit auf die Arche zu nehmen.

Jahrtausende lang wäre keiner auf den Gedanken gekommen, den in der Bibel so gut beschriebenen Vorgang als dabbisch zu bezeichnen. Heute denken ganz besondere Dabbschädel aber weiter.

De Noah

De alde Noah – denn kennt jeder,
der kam dann schunn e paar Johr schpäter,
is in de Bibel so beschriwwe,
dass er schtets rechtschaffe gebliwwe,
weshalb en ach de liewe Gott,
als denn Mann ausgewählt dann hott,
der – wann ´s e Sintflut wirklich gebt,
uff seine Arch ach üwwerlebt.

Die Mensche treiwen dann so Bosse,
es hott sich net vermeide losse,
de Herrgott is so wütend worre
un segt for sich „na – warten norre,
ich werr eich en Zsunami schicke,
dass er im Wasser all verschticke."
So kummt ´s – un nix meh war zu hoffe,
die ganze Mensche sinn versoffe.

Doch denkt de Herrgott dann zum Schluss,
dass ehner üwwerlewe muss,
weil schunnscht die Welt jo öde un leer,
was jo in seim Sinn ach net wär.

Er mehnt: „Des wär jo ach net gut,
wann alles fort is – noch der Flut,
ich will – wann ´s widder abgedrickelt,
doch sehne wie ´s sich dann entwickelt."
(Un bloos noch Fisch un Krokodille,
des war halt ach net noch seim Wille.)

En Engel -´s war glaab Gabriel,
vielleicht war ´s ach de Michael,
denn schickt er runner uff die Welt.
Der segt zum Noah: „nemm dei Geld,
dann kaaf der Nächel – Bauholz – Schrauwe,
die liewe Gott duht der erlauwe,
e Schiff zu baue – liewer Mann,
ehns wu ach richtig schwimme kann
un des so groß is – dann am Enn,
dass alle Viehscher Platz drinn henn.

De Herrgott hätt do ach e Bitt:
Vun jedem nimmscht e Päärle mit
Un kummt des Päärle so devun,
jo – dann vermehren die sich schunn.
So wer´n die all drinn eiquartiert,
donooch waartscht ab was dann bassiert."
„Des kann ich net!" duht Noah mehne,
„ich hab so was noch garnet g´sehne."
„Prowiers," segt druff der Engel dann,
„bloos wer prowiert wääß, was er kann!"

Dann kam en Rege – en ganz schlimme,
ball fangt des Schiff jetzt aa zu schwimme,
drumrum kumm´n alle Mensche um,
der Noah segelt owwe rum.

Nochdem ´s dann wochelang gegosse,
fangt ´s aa mimm Rege nochzulosse,
wie ´s weiter geht is jo bekannt,
der Noah is dann glatt geland.
So hott halt alles üwwerlebt,
weil ´s annerscht uns jo nimmie gebt.

Jetzt is do awwer jedem klar,
dass Noah b´schtimmt net dabbisch war.
Doch nemmen mer die G´schicht mol heit,
die do bassiert in alder Zeit.
Dann uff der Arch – was immer schlecht,
war Tierhaltung net artgerecht,
denk bloos debei mol an die Schnelle,
die Zebras – Gnus un an Gazelle,
die lossen doch de Kopp wohl hänge,
in deere Arch – in deere enge.
Die Eisbäre – denkt an de Knut,
aa denne ging ´s beschtimmt net gut,
in so ´re Arch – in Schtäll in warme,
die können em doch bloos erbarme.
Die sinn doch an de Schnee gewöhnt
Un henn sich doch noch Kaltem g´sehnt.

Un dann die wussliche – die Affe,
mit lange Häls ach die Giraffe,
wie lossen die die Köpp als hänge,
in so Kabine – in so enge?
Un erscht en dicke Elefant,
der eigezwängt vun Wand zu Wand.
Gewitter nee! De Deiwel hol´s:
Wu war de Dierschutz – sellemols.
Un außerdem – wu gibt ´s dann des,
en Löb macht doch de annre Schtress,
wu jeder Angscht – dass er en frisst
un werd do net gekakkt – gepisst,
wie duht de Noah jedem Morche,
de Puhl – de ganze Mischt entsorche?

Duht der des graad in ´s Wasser schmeiße,
de ganz U`rat un die Gülle,
es losst sich doch ganz klar beweise,
dass des net geht – um ´s Himmels Wille.

Was hott der mit der Arch – der große,
geh´ alle G´setze er verschtoße?
Was hott der for e Schiff gemacht:
Kee Positisjonslamp – for die Nacht.
Kee Rettungsring – kee Rettungsboote,
so ebbes g´hört doch glatt verbote.
Kee Feierlöscher – Feiermelder,
beim Schiff aus Holz – des ach schunn älder,

des außerum mit Bech verklebt,
dass ´s üwwerhaupt zusamme hebt.
Wie Zunder brennt – des Zeig des babbisch,
nee – nee – der Noah war schunn dabbisch.
Un viel zu eng war´n die Kabine,
wu waren damals bloos die Grüne,
die Umweltschützer un so Leit,
gab ´s die noch net – in deere Zeit?

Gottlob gäb´s heit jo Leit genung,
die machen do gehörich Schtunk,
so dass kenn Noah sich meh traut
un so verrickte Schiffe baut.

Nie wär ihm so en Bau gelunge,
der krecht ach kee Genehmigunge,
do hätt er sicher nix zu hoffe.
Un außer Fisch wär´n all versoffe
do wär die Menscheit längscht schunn hie
un Dabbschädel – die gäb ´s nimmie.
Was – wann ich heit so um mich höör,
wahrscheinlich ach kenn Schade wär.
Um ehn wär ´s schad dann – sicherlich
un der wär ausgerechent ich.

Sicher kann man den, der seine Grenzen nicht kennt, einen Dabbschädel nennen, selbst wenn er ein sehr angesehener König war. Und so einer war wohl der, der einen Turm bis zum Himmel bauen wollte:

De Könich Nimrod

In Babilon – des groß un prächtig,
lebt mol en König – reich un mächtig,
de Nimrod, hott der Könich g´hääße,
(`s kannscht heit noch in de Bibel lese.)
Er hott regiert mit feschter Hand,
als Jäger heit noch a ´erkannt.

Oft denkt mer: Na, so große Männer,
en Dabbschädel is des wohl kenner.
Un trotzdem – des behaupt ich heit,
war des de gröscht – in seiner Zeit.

Jetzt froogt mer wahrscheins mol: Warum?
Der war doch sicher net so dumm.
En Dabbschädel des war er awwer,
dann irgendwann schticht en de Hawwer,
dann fangt er aa en Turm zu baue,
mit Königsmacht un Gottvertraue
un segt: „Ich hör jetzt dann erscht uff,
langt der bis in de Himmel nuff."
Un dodraaa merkt doch jeder glei:
Bloos Dabbschädel fallt so was ei.

(Des sinn jo wirklich dumme Fugge,
en Turm – zum in de Himmel gugge.)

Sein Turmbau duht ach traurich enne,
drum, Dabbschädel derfscht denn schunn nenne
un duhscht des vun dem Nimrod saache,
werd der dich heit jo net verklaache.
Bloos sicher is – in seiner Zeit,
war ´s besser – wammer des vermeid.

Doch schtets – wann ich ganz ehrlich binn,
wann ´d höörscht – dass Große dabbisch sinn,
halt ruhig die Gosch – wann des erfahrscht,
weil der dann arg viel Ärger schparscht.

Doch dabbisch Zeich war ganz gewiß,
des – was bis heit noch schuld draa is,
dass mer verschiedne Schprooche redd
un mer verschteht sich dodurch net.

Typische Dabbschädel sind die, die großmäulig sich nur auf
ihre brutale Kraft verlassen und wenig Grips beweisen, wie
etwa:

De Riese Goliath

Ach Kraft – des kammer oft erfahre,
muss net vor dabbisch Zeigs bewahre
un ´s beschte Beischpiel dodebei,
des dürft de Riese Goliath sei.

Der war zwar auße groß un schtark,
doch mit seim Herrn war ´s net so arg,
hott als die Gosch recht voll genumme,
bis mol der klenne David kumme.

Der Riese Goliath – groß un schwer,
die Großgosch im Philischterheer,
der protzt mit seiner Riesenkraft:
„Ehr kummen all in G´fangenschaft!"
Do schteigt der klenne David uff:
„Halt die groß Klapp, schunnscht gibt ´s was druff!"

„Du Wicht!" kreischt Goliath „klenner Schtebbes,
jetzt sag doch bloos mol – widd du ebbes,
wie kannscht du Herrling dann bloos wage,
zu meiner Schnut do Klapp zu sage?
Bass norre uff wann ich dich greif,
dich raach ich glei mol in de Peif.

Der werr ich kräftig ennie lange
un all dei Freunde nemm ich g´fange.
Kummscht mit ´me Schtecke jo doher,
als wann en klenne Hund ich wär,
dich bloos ich mit ehm Nasloch um,
do fliegscht du wie en Schputnik rum!"

Der David awwer – jetzt – der klee,
der biggt sich nooch ´me Kisselschtee,
leggt dann denn Schtee schnell in sei Schleider
un dann geht er paar Schritt noch weiter
un zielt, wirwwelt die Schleider rum,
bauff – hinnersich fliegt Goliath um,
er zieht ihm ´s Schwert aus seiner Scheid,
browiert noch korz – ob des ach schneid,
duht dodemit jetzt emol schlache
un Goliath en Kopp körzer mache.

Nohm Doht vum Goliath – vun ehrm Held,
zahl´n die Philischter Fersegeld,
so hott der David halt sei Leit,
aus ehre schlimme Lag befreit,
die henn nadierlich all gelacht
un glei zum Könich ihn gemacht.

So is des sellemols halt g´schehe
un so duht ´s in de Bibel schtehe.

Die Froog is awwer jetzt warum?
Warum war Goliath dann so dumm,
doch is ach do die Antwort klar:
Ganz efach – weil er dabbisch war.

Un durch die G´schicht sieht jeder ei:
Ach Riese können dabbisch sei.
Un Dabbschädel is mer noch jetzt,
wammer die Klenne unnerschätzt.

Erfolgreiche Könige, die große Baudenkmäler hinterlassen,
begehen oft auch Taten, die mit dabbisch viel zu milde aus-
gedrückt sind. So ein Dabbschädel war der Kindermörder:

De Herodes

Derfscht heit als Deitscher kaum jo waage,
üwwer Jude was zu saage,
weil mer dodezu am Enn,
zuviel Dreck am Schtecke henn.

Un egal – was mer ach redd:
Dabbisch sinn die Jude net,
doch ehn Dabbschädel – ehr Leit,
gibt ´s halt doch aus alder Zeit.

Kannscht ´s im Evangelium lese,
enner - der Herodes g´hääße,
der macht in seim Königreich,
als ganz gehöörich dabbisch Zeich.

Dann der Dabbschädel – der dumm,
der bringt klenne Buwe um,
wollt so es Jesuskind verwische,
des schunn g´flücht jo war – inzwische
un des zeigt im Fall des Falles,
Dabbschädel gelingt net alles.
Doch es zeigt ach do der Fall:
Dabbschädel finnscht üwwerall.

De Herodes – ´s b´schtreit jo kenner,
Des war emol ganz sicher enner.
War ´s ach de Gröschte – seinerzeit:
Gee´dabbisch sei is kenner g´feit.

Dass ein Dabbschädel auch Anlass zu etwas besonders Gutem sein kann, mag die folgende Geschichte zeigen. Denn manchmal tuen Dabbschädel Dinge, die man verschieden beurteilen kann. So einer war zum Beispiel der römische Stadthalter:

De Pontius Pilatus

Der Dabbschädel – des is bekannt,
des höört mer oft – im Pälzer Land.
Doch kennt mer ach die Oschterg´schicht,
wie mer de Jesus hiegericht,
in dem mern erscht mit Dorne g´schtachelt
un dodenooch an ´s Kreiz genachelt.
Un do – do schteht die Froog jetzt aa,
wer waren ledschtlich schuld dodraa?
Ehner – der mol erscht degeche,
duht sei Händ in U´schuld wäsche,
doch – weil ´s Chores ihn dann treibt,
´s Dohtesurteil unnerschreibt,
hott – wie heit noch noochzulese,
Pontius – Pilatus g´häääße.

Hätt der Dabbschädel mol jetzt,
net sein „Willem" drunner g´setzt,
hätt net ´s Urteil unnerschriwwe,
wär de Jesus lewe bliwwe.
Doch dann gäb´s kee Chrischtenheit
un beschtimmt kee Oschterzeit,

So was will wohl kenn´s beschwöre,
weil mer dann noch Heide wäre,
wären – weil mer jo kee Chrischte,
eventuell jetzt Islamischte.
Hätten Ramadan dann heit,
schtatts e leichtie Faschtezeit.

Ob e Fraa mit Koppduch schönner?
Gut – meh Rechte gäb ´s, for Männer,
ach vier Fraue dodebei,
könnten manchmol nützlich sei,
brauchscht jo dann kenn Babysitter,
doch hättscht ach vier Schwiegermütter,
ärgerscht dich mit denne rum:
Nee – dann liewer ´s Chrischtetum.

Ja – es könn´n in manche Sache,
Dabbschädel was richtig mache.
Oder werd em heit erscht klar,
dass der garnet dabbisch war?

War ´s ach for de Jesus schlecht,
so wie ´s kam was doch dann recht.
Annerscht hätten mer doch wohl,
kee Auferschtehung als Symbol.
Dann mer könnt des doch so sehe:
Jesus könnt net ufferschtehe.
Dann er hott jo dodebei,
sicherlich erscht doht zu sei.

Ja – ich denk des derf mer sage:
Es gäb garkee Oschterdage,
wann in deere schlimme Nacht,
ehns kee dabbisch Zeig gemacht.

Wer bis hierher glaubte, Dabbschädel der Weltgeschichte
sind nur in der Bibel zu finden, der denke mal genau über die
Pyramiden nach und:

Die Pharaone

Wer kennt ´se net – die Pyramide
un jeder denkt doch ganz entschiede:
Wer die gebaut – des is doch klar,
dass der beschtimmt net dabbisch war.

Un doch – wammer mol üwwerleggt,
was for Ärwet dodrinn schteckt,
bloos for Pharaone – alde,
des kammer schunn for dabbisch halte.

Wann enner so was baue duht,
dasser als Dohter dann drinn ruht,
fescht balsamiert un eigewickelt
als aldie Mumie – die verdrickelt,

27

wu mer jo nix meh hott – devun,
awwa - was besseres wüßt ich schunn.

Heit duht mer so was jo beschtaune,
entschtanne – aus verrickte Laune,
doch denken ach mol an die Leit,
die des gebaut – in deere Zeit.

Do gab´s kee Bagger un kee Krane,
die Hitz die loßt sich bloos erahne
un ´s Volk – wu des bezahle muss,
lebt sicher net im Üwwerfluss.
Des Geld – des dodrinn schteckt wär jo,
beschtimmt noch for was Besseres do,
als dass mer in ´re Kammer liggt,
wu mer als Dohter noch verschtickt.

Drum – denkt mer do mol drüwwer nooch,
erhebt sich sicherlich die Frooch,
ob net in Pyramide drinn,
paaar Dabbschädel begrawe sinn.

Weil Dabbschädel uff denn jo basst,
der anner Leit ehr Geld verbrasst.
Un dess behaupt ich ganz entschiede:
De bescht Beweis sinn Pyramide.

Es nützt auch nichts, besonders gescheit zu sein, selbst die Allergescheitesten sind nicht davor gefeit, manchmal als Dabbschädel bezeichnet zu werden. Oder glaubt jemand, dass der Folgende einer war – der berühmte:

Pythagoras

Dabbschädel – net emol im Schpass,
war doch de ald Pythagoras,
der denn bekannte Lehrsatz g´saat,
vun A Quadrat – un B Quadrat,
mit dem ganz efach jedermann,
es C Quadrat berechne kann.

´s war enner vun de g`scheitschte Männer
un Dabbschädel ganz sicher kenner.
Doch wann de Lehrer uns geploogt
un noch dem blöde Lehrsatz g´froogt,
vum A un B un C Quadrat,
hott sicher mancher Schüler g´saat,
zwar net de G´scheitschte in de Klass:
„Mensch – wär doch der Pythagoras,
der Dabbschädel – der dabbisch – dumme,
bloos net uff so en Lehrsatz kumme.
Dann braicht ich mich – mit so ´re Scheiße,
heit in de Schul net rumzureiße!“

Mer sieht – Dabbschädel nennt mer ach Leit,
die ´s b´schtimmt net sinn – un b´sonders g´scheit.

Drum – duht em so was enner nenne,
dann jo net glei zum Kadi renne.
Mer nennt oft so die g`scheitschte Männer
un is debei bloos selwer enner.

Diese Geschichte beweist, dass es auch dem Teufel
passieren könnte:
Ein trinkfreudiger Winzer kam oft spät in der Nacht
in´s traute Heim. Gardinenpredigten zeigten sich
wirkungslos. Da hatte die Frau eine Idee, schwärz-
te das Gesicht mit Ruß, band zwei Kuhhörner vor
die Stirn und nahm eine Mistgabel in die Hand. Als
der Spätheimkehrer schief beladen durch das Hoftor
kam, ging sie ihm entgegen und bedrohte ihn mit der
Mistgabel:„Wer bischt dann du?" fragte der Mann.
„Ich bin der Teufel!" entgegnete eine tiefe Stimme.
„Wer bischt du, de Deiwel? Hoscht du Dabbschädel
mich verschreckt, ich hab schunn Angscht g´hat, ´s
wär mei Fraa!"

Wenn man den Geschichtsbüchern glauben darf (es gibt da einige Unterschiede in der Darstellung) dann war der Muttermörder, Christenverfolger und rabiate Kaiser von Rom sicher ein Dabbschädel. Gemeint ist:

De Kaiser Nero

Dass große Kaiser – fascht in Schare,
im allgemeine dabbisch ware
un zwar bereits seid alde Zeite,
des werd wahrscheinlich kenn´s beschtreite.
Jetzt sei do ehner bloos genennt,
denn sicherlich jo jeder kennt,
des is de Nero – sicher wohr,
mit böse Aage – schwarze Hoor,
der war so dabbisch – sag ich eich,
wie kenner schunnscht – im römisch Reich,
obwohl ´s vun denne wimmle duht,
dann ´s war beschtimmt net ehner gut.

Bloos Kriege führe – allerorte,
wer uffgemuckt – sofort ermorde,
an ehm Satz is doch wohl was Wohres:
Die ganze Kaiser war´n eh Chores.
De allerschlimmste – dodebei,
dürft awwer doch der Nero sei.
Der war jo vun de schlimmschte Sort,
wenn hott der alles schunn ermordt,

sogar sei Mutter – werd verzählt,
die hätt dobei jo ach net g´fehlt.
Im Kolosseum - ´s schteht noch heit,
ermord mer dort die Chrischteleit
un er hott dodezu gewuncke.
Dann hääßt ´s er hätt ach furchtbar g´schtuncke.
En Saukerl war ´s – vor denn gewiß,
Dabbschädel viel zu harmlos is.

Am Schluß bringt sich der Kerl – der dumm,
mimm Dolch sogar noch selwer um.
(Obwohl – mer kann ach manchmol lese,
sein Mörder – der hätt Brutus g´hääße.
Un war sogar sein eigene Sohn.)
So kriegt der Dabbschädel sein Lohn.

Was soll ´s – es is jo ach net wichtig,
er hott die Kränk – un des war richtig.
Die alde Römer waren froh,
na ja – heit wär er ´s sowieso.
Dabbschädel derf mer zu ihm sage
un ´s werd em deshalb kenn´s verklage.

Obwohl – zur Lebzeit war der g´fährlich
un damals loßt mer ´s drum ach – ehrlich.
Will Dabbschädel mer jemand nenne,
do sollt mer ach de Zeitpunkt nenne,
dann schunnscht könnt enner dodebei,
wahrhaftig doch beleidischt sei.

De Varus

De gröschte Feldherr – weit un breit,
war Varus wohl – in seiner Zeit,
zumindeschtens duht der des mehne,
des konnt mer jo schunn öfter sehne.

Er kummt vun Rom ruff – an de Rhei
Un fallt dann in Germanie ei,
schunn dobei werd jo jedem klar,
dasser wahrscheinlich dabbisch war.

Dann die Germane – seinerzeit,
die waren net wie heit, bereit,
ehr Schteier friedlich zu berappe,
aus dem Grund kann ´s jo schunn net klappe,
dass mer – wann alles uff em zielt,
im deitsche Wald sich sicher fühlt.

Un schunn leggt mer im dichte Wald,
dem Varus dann en Hinnerhalt,
wie der – weil jo de Winter kumme,
sei Winterlager eigenumme.

Doch drummerum – in Büsch un Hecke,
do duhen die Germane schtecke,
vun Armin g´führt – dem Held – dem große,
um geges Lager vorzuschtoße.

Dann plötzich duht ´s en laute Krisch,
Germane schtürmen aus Gebüsch
un haagen – wie die Kesselflicker,
des ganze Römerheer in Schtücker.

Die Römer waren jetzt verlore,
wer flüchte konnt is dann verfrore,
de Varus bringt sich selwer um.
Ja – warum war der Kerl so dumm,
will die Germane unnerjoche.
Was hott er sich dovun verschproche.
(Dann die Germane – seinerzeit,
des waren jo noch arme Leit.)

De römisch Kaiser trifft des bitter,
er wollt dann sei Legione widder,
doch die – die konnt mer nimmie brauche,
wer doht – duht als Soldat nix dauche.

Ja – Dabbschädel henn in de G´schicht,
schunn manchen U´fug a´gericht.

En Vorschlag

Dass ach unser hohe Herre
un die Dame g´scheiter werre,
bring ich mol, en Vorschlag ei,
der müsst doch wohl machbar sei.

Emol müsst mer die halt zwinge,
e Johr bloos mol zu verbringe,
wie ´s en Rentner muss halt – leider,
hinnenooch wär´n die schunn g´scheiter.
´s neewe her verdiene schtreiche,
des deht sicher was erreiche,
obwohl´s doch kee Wirkung hott,
weil de Schtaat jo längscht bankrott,
Trotzdem wär des net verkehrt,
doch ich glaab – es hätt kenn Wert.

Es gibt Leute denen man ganz große Taten nachsagt. Erfindungen oder Entdeckungen die die Welt veränderten. Auch da kann man manchmal die Ansicht vertreten: Mensch, hätten die bloos des net gemacht. Einer von denen ist:

De Kolumbus

En mancher Mensch bewegt oft viel
un schteckt sich selbscht e hohes Ziel,
des sinn dann echte, große Männer:
Kolumbus – des war ach so enner.

Entdeckt zunägscht e neiie Welt,
hott Eier uff die Schpitze g´schtellt,
korzum – der Mann – der war net dumm,
doch ´s kummen ach viel Mensche um,
durch Tate – die er so vollbringt,
drum wääß mer jo net u´bedingt,
ob ´s net vielleicht doch dabbisch war:
´s Entdecke vun Amerika.

Ob des jetzt falsch war – oder richtig,
do is halt ach de Schtandtpunkt wichtig.
Amerika hott uns beglückt,
wie mer uns CARE Pakete g´schickt,
des war in unsre Hungerszeit,
oft sieht mer ´s bissel annerscht heit.

Was heit vun drüwwe kumme duht,
is jo beileib net immer gut.
Ich denk dobei mol an de Wei,
do führt mer heit jo ebbes ei,
do denk ich – wann ´s ach manchem schmeckt:
Hätt der des Land bloos net entdeckt.
Was kummt net alles so vun drüwwe:
Mensch – wär der bloos dehääm gebliwwe,
des war en Dabbschädel – en blööde:
Die Mehnung kammer schunn vertrete.

Doch nee – der Kerl – der muss donüwwer,
doch ´s kummt jo net bloos Schlechtes rüwwer.
Na – ja – hätt er ´s net vorgenumme,
do wär beschtimmt en annre kumme.

Do wär beschtimmt noch viel meh los
un schließlich is des Land jo groß,
uff so en Kontinent – en große,
wären sicher dann ach annre g´schtoße.

Doch zeigt des Beischpiel einwandfrei:
De Name Dabbschädel hoscht glei,
selbscht wann ´d mol bloos was finne sollscht,
des eigentlich net finne wollscht.

Un de Kolumbus soll dobei,
jo doch es beschte Beischpiel sei.

Einer den man mit Fug und Recht als Dabbschädel bezeichnen kann war ganz sicher der Franzosenkönig, Ludwig der Vierzehnte. Dabei interessieren mich seine Großtaten überhaupt nicht, ich muss nur an das „dabbisch Zeig´s" denke, das er so anbefohlen hat. Es ist:

De Sunnekönich Ludwig de 14de

Ich glaab dass jeder jemand kennt,
denn Dabbschädel zu recht mer nennt
teils weil er mol ganz offenbar,
emol so richtig dabbisch war,
teils weil er dabbisch Zeig gemacht,
so ach en Mann in högschter Pracht,
der einst in Frankreich mol regiert,
en schtattlich große Hof dort g´führt,
en König war ´s – der üwwermächtig,
gelebt hott – meh wie mittelprächtig,
Er hott ach aus seim Maul geroche
un der hott allerhand verbroche.
De Sunnekönig nennt mer´n gar,
doch der en Dabbschädel ach war.
Warum – des loßt sich schnell verkünne,
der Dabbschädel duht nämlich finne,
die Palz – die hätt er wohl zu erwe,
wie dort de Kurferscht mol muss schterwe.
Weil dem sei Dochter Lieselott,
sein Bruder Phillip g´heirat hott.

Doch dodevun do war kee Redd,
so dabbisch sinn die Pälzer net,
die wollten nämlich Deitsche bleiwe,
doch dodruff duht der ´s furchtbar treiwe,
marschiert dann in die Palz do ei
un in die Kurpalz – üwwerm Rhei.

Doch des hott alles nix genützt,
er is gehöörich abgeblitzt,
bloos – als dann die Soldate fort,
gab ´s in de Palz kenn ehne Ort,
der net zerschtöört un abgebrennt,
wann die jetzt Dabbschädel mer nennt,
die des gemacht henn – die so schlecht,
ich glaab do gibt mer jeder recht.

So duht die G`schicht doch klar beweise:
Dabbschädel gibt ´s in alle Kreise.
Wu selbscht de Sunnekönich klar,
en dabbische Dabbschädel war.

Sein General war noch viel schlimmer,
uff alle Fäll ach noch viel dümmer,
noch dem mer dann die Hund benennt,
der hott die Palz ganz abgebrennt,
die Kurpalz ach – wie mer noch sieht,
der wie de Deiwel hott gewüt´,
de Schlimmscht in unsere ganze G`schicht,

doch dem – dem wid´m ich kee Gedicht.
Was der gewüt´ hott – mit seim Tross,
siehscht noch am Heidelberger Schloss.

Un Dabbschädel – ehr Herre – Dame,
des wär for denn en Kosename.
(Sein Name Melac – ich tu´s kund,
der basst bloos for en Metzgershund)

Korz – Dabbschädel – do sieht mer ´s frei,
kann ach en Kosename sei.

Es kam noch ein ganz Großer aus Frankreich zu uns. Der war
nicht ganz so schlimm – aber immer noch schlimm genug.
Und er hat wenigstens noch ein paar gute Dinge hinterlassen.
Seine Code Zivil möchte ich da nicht dabbisch nennen. Aber
er war – wie andere Dabbschädel nach ihm – so dabbisch in
Russland einzumarschieren:

De Napolion

Napolion war beschtimmt kenn Dumme,
schunnscht wär er jo so weit net kumme,
doch wer sich mol Gedanke macht
un mol sein Lewenslauf betracht,
dem werd ganz sicher dobei klar,
dasser schunn manchmol dabbisch war.

Ganz hoch geacht – sein Code civil,
doch macht er schunnscht halt – was er will
un schließlich war e ganzie Reih,
vun werklich dabbisch Zeigs debei,
des kammer in de G`schichte lese,
mer derf en „Dabbschädel" drum hääße.

Treibt ´s enner nämlich gar zu doll
un kriegt debei de Hals net voll,
do merkt mer vielleicht net sofort,
dass Dabbschädel es rechte Wort,
doch sicherlich un ohne Frooch,
do merkt mer des dann hinnenooch.

Des kannscht ach bei Napolion finne.
Gewiß – zuerscht duht er gewinne,
doch schpäter geht ´s em an de Kraache,
der Dabbschädel – so derf mer saache,
was wollt en der in Russland drüwwe,
wär g´scheiter doch dehääm gebliwwe,
doch Dabbschädel sinn halt net g´scheit,
des hott sei End dann eigeleit.

Noch heit uns dem sei G`schicht jo lehrt,
de Hals net voll – des is verkehrt,
das duht gewöhnlich net gut enne,
ich könnt noch manches Beischpiel nenne.

Doch echte Dabbschädel – sinn Leit,
die sinn zum Lerne nie bereit,
die henn net viel im Schädel drinn,
ganz klar – weil ´se jo dabbisch sinn.

Von einem haben seine Zeitgenossen sicher angenommen,
dass er ein Dabbschädel war. Doch heute sieht man den in
etwas besserem Licht:

De Könich Ludwig de Zwett

Bei ehm do bin ich mer net klar,
ob der vielleicht ach dabbisch war,
obwohl – heit is des garkee Frooch:
Mer segt ihm nämlich so was nooch.

Vun wem is also do die Redd?
Vum Könich Ludwig - ´s war de zwett,
im schööne, alde Bayernland,
vun dem is jedem jo bekannt,
der baut sich Schlösser – Summersitze,
die konnt er garnet all benütze
un hott ´se kaum bezahle könne,
so duht er dann ach traurich enne,
weil ´s Volk sich gege ihn gewehrt,
do hott mer´n for verrickt erklärt

un hott e traurich Enn dann g´funne,
im See – es war bei Schtarnberg drunne.

Bis heit do schteht zwar jo noch offe,
ob er allee dodrinn versoffe,
or ob mer ´n efach nei hott g´schmisse:
Die Wohreht werd wohl kenner wisse.
Uff alle Fäll – do in de Palz,
kummen die uff Klingemünschter als,
De Bayern awwer, im Vertraue,
is halt gar manches zuzutraue.

Er hott viel dabbisch Zeig gemacht,
die Schlösser all – mit ehre Pracht,
do könnt mer sicherlich mol wage:
Der Dabbschädel – vun ihm zu sage.

Obwohl – ob des ach wirklich wohr?
Dann schtellt eich bloos mol Bayern vor,
ganz ohne Schlösser – die er g´schtellt,
dann heit bringt des de Bayern Geld,
do könnt mer jo schunn beinah mehne:
Dabbschädel könn die Zukunft sehne.

Wie schwierig – so will ich des nenne,
sinn Dabbschädel oft zu erkenne,
wu der – der mol so u´beliebt,
doch wohl es beschte Beischpiel gibt.

Das Wort Dabbschädel lernt man als echter „Pälzer Buu"
recht frühzeitig. Ich kann mich gar nicht erinnern, wann ich
diese Bezeichnung zum ersten Mal gehört habe, aber ich weiß
noch wie heute, dass der Name in meiner Jugendzeit einmal
vorkam und zwar im Zusammenhang mit einem Mann, von
dem damals niemand, zumindest kaum jemand, annahm,
dass er ein Dabbschädel sei. Und wenn man es annahm, be-
hielt man seine Meinung besser für sich.

De Adolf

Es war im Jahre 1936 und ich war stolzer Abc-
Schütze. Jeden Morgen wurde in unserer Volksschu-
le gebetet. Das ist wohl nichts besonderes, schon gar
nicht in dem frommen Ort, in dem ich aufwuchs und
noch heute lebe. Bemerkenswerter ist der Text des
Gebetes:

Händchen falten – Köpfchen senken
und an Adolf Hitler denken,
der uns schützt in jeder Not
und uns gibt das täglich Brot!

Geschlossen wurde das Gebet nicht mit Amen,
sondern mit Sieg Heil!

Der Angebetete wurde auch
„unser heißgeliebter Führer" genannt.

Sein Geburtstag sollte zwar der höchste Feiertag im ganzen Reich sein, aber bei uns gab es noch einen höheren. Das war das beliebte Schlachtfest im Advent. Da wurde großzügig eingeladen. Und dabei trafen zwei meiner Onkels mit gegensätzlichen Meinungen aufeinander. Der eine nahm das Wort vom „Heißgeliebten" sehr wörtlich, der andere hielt von diesem überhaupt nichts.

Und der gab nach guter Schlachtplatte und dem notwendigen Hinunterschwenken seine Meinung kund, was damals weder wünschenswert noch ungefährlich war. Ich versuche seinen Ausspruch wortgetreu wiederzugeben:

„Hör mer uff mit dem Adolf – dem Dabbschädel – gugg was der mit de Jude macht. Un ich sag der – der fangt mit de ganz Welt noch Krach aa. Un des hääßt Krieg."

Der andere Onkel – der mit dem großen Glauben, fühlte sich beleidigt und nicht nur sich:

„Du hoscht mein Führer beleidicht – ich zeig dich aa bei de Geschtapo un bring dich hie wu´d hie g´hörscht."

Allen Erwachsenen war klar, wo das gewesen wäre. Doch da ergriff mein Großvater das Wort und der war gewöhnt laut und deutlich zu sprechen. Zu Ersterem sagte er: „Du haltscht mol jetzt die Gosch – dei Mehnung intressiert niemand!"

Dem Zweiten aber sagte er:

„Wann du noch emol segscht, du dehtscht enner aus de Familie bei de Geschtapo a´zeige – dann werscht nie mehr uff e Schlachtfescht eigelade!"

Die Drohung war fürchterlich und verfehlte ihre Wirkung nicht. Jedenfalls wurde nie jemand aus der Familie bei der Gestapo angezeigt.

Ich kleiner Pimpf war baff – und konnte auch nicht verstehen, wie jemand den „Heißgeliebten Führer", für den ich jeden Morgen betete, seit er das Jesuskind abgelöst hatte, als Dabbschädel bezeichnen konnte.

Es sollte Jahre dauern, bis ich merkte: Der erste Onkel hatte recht. Aber da wusste es der zweite Onkel wohl auch schon.

Und der so wenig linientreue Onkel hatte recht. Der Dabbschädel genannte „Heißgeliebte" zettelte einen Krieg an:

Zum Kriege führen braucht es Soldaten. Ganz vorne an der Front, dann etwas weiter dahinter zur Versorgung und – ganz wichtig – Offiziere, die das Ganze lenken und leiten. Da, so darf man doch annehmen, dürfen keine Dabbschädel dabei sein. Sind es ja auch nicht. Das beweist schon, dass sie meist ihr Lager weit hinter der Hauptkampflinie aufschlagen. (Wo sie in aller Regel nichts tun. Es können auch da einige Dabbschädel dabei sein. Um es klarzustellen: Ich halte es nicht für dabbisch, wenn ein Generalstab sein Hauptquartier in sicherer Entfernung von der Front aufschlägt. Im Gegenteil – das halte ich für sehr vernünftig. Und doch hatte ich 1944 ein Erlebnis, das zeigte, unter den sehr vernünftigen Offizieren gibt es auch Dabbschädel.

De Generalschtab

Es war im Spätsommer 1944. Die Erzeugerschlacht war an der Weinstraße voll entbrannt. Dies bedeutete: Wer auch nur mit ein bissel Muskelkraft ausgestattet war, musste helfen, diese Schlacht erfolgreich zu schlagen. Für den, der die Sprache eines Krieges nicht kennt, sei erklärt: Selbst etwas schwächere Jünglinge wie ich (ich war gerade vierzehneinhalb Jahre alt und durch Asthma etwas kränklich) musste in dieser Schlacht als Erntehelfer mithelfen. Zu schwach um Getreidesäcke zu schleppen, aber technisch sehr begabt, wurde ich als „Bulldogfahrer" eingesetzt. Der „Bulldog" war ein einzylindrischer Schlepper aus dem Hause HEINRICH LANZ, dort im Jahre 1928 gebaut. Vollgummibereift, fünf Vorwärtsgänge, aber keinen Rückwärtsgang. Darauf konnte man verzichten, denn wenn man rückwärts fahren wollte, wurde einfach die Drehrichtung des Motors geändert und schon hatte der „Bulldog" auch fünf Rückwärtsgänge. Mit diesem – heute fossil anmutenden Fahrzeug, hatte ich nun Getreidesäcke vom Dreschplatz zum Gutshof zu fahren. Etwa drei Kilometer fast ebener Straße. Also kein Problem. Ein Problem war der Startvorgang. Da war nichts mit Schlüssel drehen oder Knopf drücken. Nein, der Glühkopf des Zylinders musste mit einer Lötlampe zunächst einmal zum Glühen gebracht werden.

wer einmal eine launische Benzinlötlampe dazu bringen wollte, ordentlich zu brennen, wird wissen: Einfach ist das nicht, aber es musste jeden Morgen gelingen.

Bis der Glühkopf glühte vertrieb man sich die Zeit mit abschmieren aller Schmiernippel und das waren nicht wenige. Danach kam der schwierigste Teil des ganzen Tages. Das Lenkrad wurde abgenommen, um damit die Luft im Zylinder zu verdichten und der Einspritzpumpe Gelegenheit zu geben, vernebelten Dieselkraftstoff in diesen Zylinder zu spritzen. Wenn es gelang bedankte sich der Motor mit einem kräftigen Rückschlag und begann brav zu tuckern, wohl wissend, dass er dies nun für den Rest des Tages auch tun musste. Das Lenkrad wurde wieder seiner eigentlichen Bestimmung zugeführt.
Am „Bulldog" wurden nun zwei Leiterwagen (normalerweise dazu bestimmt von Kühen, Ochsen, oder bestenfalls auch mit Pferden gezogen zu werden) mittels Ketten befestigt. Die Erntehelfer kletterten auf die Leiterwagen, hielten sich fest so gut es ging und ich fuhr stolz mit ihnen zum Dreschplatz, wo ein Kollege meines guten alten „Lanzbulldog" bereit war die Dreschmaschine in Gang zu setzen. Nun wurde Garbe um Garbe gedroschen und die Körnersäcke auf die Leiterwagen gehievt. Als man das Gefühl hatte, mehr ginge da nicht mehr drauf,

wurde ich losgeschickt, um die Fracht zum Gutshof zu bringen.

Nun haben Weinstraßendörfer oft den Nachteil, sehr eng und schmal zu sein. Da aber kaum Verkehr war, stellte dies auch kein Problem dar. Doch im August 1944 lag die Pfalz noch erfreulich weit hinter der Hauptkampflinie der Westfront, die Invasion am Atlantik hatte ja erst begonnen. Diese sichere Entfernung von der HKL wussten natürlich auch Generäle zu schätzen und hatten deshalb ihr Hauptquartier an der Weinstraße aufgeschlagen.

Just als ich mit meinem etwas instabilen Gefährt eine enge Stelle in meinem Heimatort passieren wollte, hatten ein paar hohe Offiziere aus der Gegenrichtung die gleiche Absicht. Um es kurz zu machen: Ich versperrte ihnen den Weg. Sofort sprang ein Hauptmann aus einem der „Horch" oder „Maybach" um mir die kriegswichtige Aufgabe seines Konvois klar zu machen. Er brüllte mich in guter preußischer Tradition an und fuchtelte mit den Händen in der Luft herum. Ich konnte nur daraus schließen: Zurück fahren! Dieser Hauptmann hatte bei seinen hochrangigen Kollegen vielleicht nur die Aufgabe, für rechtzeitigen Kaffeenachschub zu sorgen, für mich – damals der kleine Pimpf Paul, war er eine furchteinflößende Figur, der unbedingt Gehorsam zu zollen war. Ver-

dattert brachte ich meinen „Bulldog" dazu, die Dreh-
richtung zu ändern und fuhr zurück. Dagegen hatten
aber meine beiden Leiterwagen etwas einzuwenden
und stellten sich – ohne Angst und Rücksicht auf den
brüllenden Offizier – ganz einfach quer. Sie waren
bisher wohl nur an Ochsen gewöhnt, die scheinbar
etwas vernünftiger waren als übereifrige Hauptleu-
te. Doch ganz so unvernünftig war der – noch im-
mer laut brüllende Hauptmann auch wieder nicht.
Er sah ein, dass da nur ein Vorwärtsfahren helfen
konnte und dies befahl er mir auch. Noch immer
sehr lautstark. Also – wieder herunter mit der Dreh-
zahl „Pfomm – Pfom – Pfoom – Pfooom" wieder
Gas geben, doch der Motor war auch nervös gewor-
den und blieb stehen.
Ihn wieder in Gang zu setzen war auch in warmem
Zustand nicht einfach. Und schon gar nicht, wenn
man im Rücken schreiende Offiziere stehen hat.
Denn inzwischen hatten sich auch ein paar Majore,
wohl vielleicht auch schon Obristen, eingefunden,
möglicherweise sogar bereits ein Generalmajor, um
ebenfalls nicht sehr leise, um dies den Kriegsver-
lauf so schmählich hemmende Hindernis mit ihrer
Stimmgewalt aus dem Weg zu räumen.

Ich tat, was in auswegloser Situation für jeden
Kämpfer das Beste ist. Ich ergriff die Flucht. Ein
Abflusskanal zwischen zwei Häusern bot mir die

beste Gelegenheit. Dahinein sprang ich und wurde auch nicht verfolgt. Denn Schlamm, der fast barfußen Bubenbeine nichts ausmacht, war für glänzende Offiziersstiefel nicht sehr geeignet.

Wenn sie mich fragen, wie ging es weiter? Ich weiß es nicht! Vermutlich haben sich die Herren irgendwann beruhigt und dann jemanden gefunden, der das Problem zu lösen verstand. Ich blieb ein paar Tage von der Bildfläche verschwunden und wollte auch nicht durch neugierige Fragen auf mich aufmerksam machen.

Sicherlich hat sich derjenige, der dann mit Mühe das Problem löste, gefragt: „Wieso is der Dabbschädel mimm Bulldog hinnersich g´fahre, wu er doch gewißt hott dass des net geht!" Und der Mann hatte sicher recht. Ich wusste es und habe es trotzdem versucht. Und so was tut nur ein Dabbschädel.

Dass mich ein paar hochrangige Dabbschädel dazu brachten – doch halt – ich werde mir doch nicht erlauben, hohe Offiziere – die zudem aus dem Generalstab kamen als Dabbschädel zu bezeichnen. Schon gar nicht, wenn sie so vernünftig sind, ihren Stab einige hundert Kilometer hinter die Frontlinie zu verlegen. Oder ist da jemand anderer Ansicht? Doch immerhin: Anderthalb Jahre später war manchem klar geworden, dass es auch in Generalstäben ein paar Dabbschädel gegeben haben muss!

Man kann auch ganz zufällig und ohne eigenes Verschulden zum Dabbschädel erklärt werden:
De Schorsch hott en dicke Verband um die Hand.
„Schorsch – was issen bassiert?" fragte sein Freund.
„Jo" war die Antwort „ wie ich geschtern Owend so ganz gemütlich noch de Singschtunn häämgeloffe bin, do is mer doch so en Dabbschädel uff die Hand getrete!" Man ist vor Begegnungen mit Dabbschädel nie ganz sicher.

Es gibt natürlich auch in der Tierwelt Kreaturen, die man dabbisch – oder sogar Dabbschädel nennt. Bei einem muss sogar der Name manchmal herhalten, um den Dabbschädel noch zu unterstreichen:

De Esel

Vun Esel wääß jo jedermann
Dasser schunn Laschte trage kann,
doch wääß ach do en jeder jetzt:
Es sinn ach Esel Grenze g´setzt.

So gab´s – wu is heit nimmie klaa,
im Mittelalter mol e Fraa,
die damals schunn – so knapp un gut,
ehr zweehalb Zentner wiege duht.

Jetzt duh ich in ´re Chronik lese,
die Fraa – die wollt emol verräse,
doch war ´s ´re halt zu weit zum Laafe,
sie konnt sich ach kenn Esel kaafe,
um uff dem Esel dann zu reite,
dann damals waren arme Zeite.

„Mein Gott" – so duht ´se schließlich mehne,
„ich kammer jo en Esel lehne,
im Ort do wohnt en reicher Mann,
der mer sein Esel lehne kann."

Sie hott zu frooge sich getraut,
doch war der Mann net so erbaut,
weil er befürcht – bei dem Gewicht,
dass do sein Esel zamme bricht.
Un darum segt er efach so:
„Ich hab zur Zeit kenn Esel do!"

In dem Moment höört newedraa,
mer jetzt ganz deitlich e „Ih – ahh!"
Die Fraa – e bisselsche verdutzt,
die hott zunägscht ach erscht mol g´schtutzt

un segt dodruff dann – noch verschtöört:
„Ich hab doch graad enn Esel g´höört,
sie sagen dasse kenner henn,
wer hotten do jetzt recht – am Enn.“

„Jetzt höört sich awwer alles uff,“
erwidert do der Herr dodruff,
„Ja glaabscht dem dumme Eselsdier,
du jetzt vielleich gar meer wie mir?
Der Esel hott doch kenn Verschtand.“

Die Antwort is mer net bekannt,
doch aus Erfahrung wääß meer heit,
ach wann en Esel net so g´scheit,
er kriegt halt efach meh geglaabt,
als wie en Mensch – der hoch begabt.

Des is ach im Prinzip net schlecht,
dann oft hott jo der Esel recht,
doch ob er recht hott – oder net,
dodurch – dasser meischt lauter redd,
glaabt mer ihm mehr – un ach viel leichter,
als wie de allergröschte Geischter.

Drum duhn die allerg´scheitschte Herre,
so selte jo verschtanne werre.
Un ´s schteckt ach die Erfahrung drinn,
dass Esel net all dabbisch sinn.
So sollt ach net vergesse werre,
die Dabbschädel sinn oft ehr Herre.

Richter – auch „Euer Ehren" genannt, sind natürlich völlig dagegen gefeit, Dabbschädel genannt zu werden. Während einer Gerichtsverhandlung wird sich das wohl auch keiner erlauben. Doch ich bin überzeugt, dass noch Jahre nach einer Verhandlung, dieser Satz möglich ist. „Der Richter – der Dabbschädel – der hott mer efach zwee Johr uffgebrummt, dobei hab ich die Sache garnet g´schtohle un ausserdem – wie ich ´se verkaafe wollt, hott sich rausg´schtellt, dass die lang net so viel wert waren, wie ich gemehnt hab." Doch auch ich bin manchmal der Meinung: Dabbisch kann ein Urteil manchmal schon sein! Und dies hier kann ein Beispiel sein:

Die Karlsruher Richter

Die Richter – do gilt jede Wett,
Dabbschädel sinn des sicher net,
mer nennt ´se jo ach „Euer Ehre,"
die duhn jo selbscht de Schtaat belehre.
Wann mer e U´gleichheit erkennt,
do sei e Beischpiel mol genennt:

In Deitschland – des is zweifelsfrei,
do muss jo alles g´setzlich sei.
Dodruff gibt mer besonders Acht
un ´s werd vun Karlsruh üwwerwacht.
Un ´s schteht jo schunn im Grundg´setz drinn,
dass alle gleichberechtigt sinn.

So henn zum Beischpiel Fraue Rechte,
die ledschtlich ach die Männer möchte,

doch manchmol klappt des halt net so,
drum derf mer net uff ´s Dameklo.

Ach schunnscht gibt ´s G´setzesunnerschiede,
do duht mer uns jo manches biete,
is enner mol e bissel reicher,
do is er vor em G´setz schunn gleicher,
ehn Unnerschied is jo schunn dann,
ob Bauer bischt – or Ackermann,
obwohl – betracht mer ´s mol genauer:
En Ackermann is doch en Bauer.

Jetzt knowwelt mer in Karlsruh aus,
wie sieht des dann beim Erwe aus.
Des hott de Richter garnet g´falle,
gilt do es gleiche Recht for alle?
Wammer vererbt was – or verschenkt:
Ich hab mol drüwwer nochgedenkt.

Wer schparsam is – un duht mol schterwe,
kann seine Kinner was vererwe.
Wobei dann allerdings bassiert,
dass Vatter Schtaat glei mit kassiert.

Hoscht allerdings dei Geld versoffe,
dann henn die Erwe nix zu hoffe
un ach de Schtaat guggt in die Röhre,
doch soll mer sich do net beschwere,

ehn Vordääl is jo doch debei,
wer nix erbt – der is schteierfrei.

Es regelt unser högscht Gericht,
im ledschte Johr die Erbschaftsg´schicht
un mehnt nun dodebei halt jetzt,
do wär es Grundg´setz jo verletzt
un drängt de Schtaat jetzt mol zu hannle
un ´s Erbschaftsschteierg´setz zu wannle,
dann erbt mer bisher mol e Haus,
dann sieht die Sach viel besser aus,
weil der – der wu es Bargeld krieht,
halt dodebei de Körzere zieht.
Un des ging net – war de Beschluss,
weil all mer gleich behannle muss.
Wie geht des dann – in dubio,
beurteilt mer des wirklich so?

Dann ´s gibt en Fehler – offenbar,
bloos weil de Vatter schparsam war,
muss mer jetzt zahle – un zwar fix
un der wu nix erbt – der zahlt nix?

Wu lewen mer dann – liewe Leit,
wu bleibt die Gleichberechtigkeit.
Der wu vum Vatter nix zu hoffe,
zahlt nix – weil ´s Gerschtel halt versoffe
un der muss zahle – vehement,
bei dem de Ald sich nix gegönnt.

Ich mehn – des derf doch wohl net sei
un basst ach net in ´s Grundg´setz nei.
Wann mer vun dem kee Geld erhebt,
bei dem de Vatter flott gelebt,
derfscht dort nix hole – wu de Alde,
de Bettel halt zusamme g´halte.
Weil des die Leit dezu verführt,
dass mer sei Sach verbambatschiert.

`s Gericht des kam doch zum Entschluss,
dass all mer gleich behannle muss.
Wann der nix zahlt – der leer ausgange,
do kannscht vun dem doch nix verlange,
der schließlich halt was erbt am Enn,
´s is gut – dass mer e Grundg´setz henn
un ´s is sogar noch doppelt gut,
dass Karlsruh ´s üwwerwache duht.
Un dasser ´s mer ´s schunn im Grundg´setz drinn,
dass alle gleichberechtigt sinn.
Bloos – dorhie – des werd kenn`s beschtreite,
do hemmer noch en Weg – en weite!

Ich hoff die Richter duhn´s kapiere
un ´s Erbschaftg´setz mol revidiere,
weil schunnscht die Herren „Euer Ehre";
wahrhaftich alle dabbisch wäre.
Un ich duh wirklich niemand kenne,
der Richter Dabbschädel möchte nenne.

Das Wort „Dabbschädel" ist auch bei anderen hohen Herren, ja selbst bei den Herren der Geistlichkeit im Gebrauch. Dies soll eine Geschichte beweisen, die ich allerdings nur vom Erzählen her kenne und für deren Wahrheitsgehalt ich keine Garantie übernehmen kann. Sie sei am Kaiserstuhl passiert, wo es scheinbar auch Dabbschädel gibt, doch sie könnte auch in der Pfalz passiert sein.

Dabbschädel lateinisch

Wahr ist sicherlich, dass durch die Zusammenlegung mehrerer Pfarreien, der Pfarrherr oft in Zeitnot kommen kann. So kam es auch in Kliggerefischbach.[1] Der überbeanspruchte Herr Pfarrer hatte am Aschermittwoch Morgen, wo fromme Kirchenbesucher mit geweihter Asche ein Kreuz auf die Stirne gezeichnet bekommen, Bedenken, dass er dies alles an einem Vormittag schaffen könnte. Er bat daher seinen Kirchendiener ihm dabei zu helfen „Du machscht die Männer rechts un ich die Fraue links. Es is ganz efach. Do nemm des Schälche mit de geweihte Äsch un mach jedem e Kreizel uff die Schtern. Dobei muscht bloos sage: „Aus der Asche kommst du – zu Asche wirst du! Alles klar?" Der Kirchendiener nahm die kleine Schale mit der Asche, um seinen Auftrag zu erfüllen. Doch er war auch nicht mehr der Jüngste und – oh Schreck – als er auf die Männerseite kam hatte er den Spruch vergessen. Schnell also zurück um zu fragen. Der Pfarrer ärgerte sich

[1] Name vom Autor geändert

nicht zum ersten Mal über die Vergesslichkeit seines Kirchendieners und gab ihm kurz und verärgert die Antwort: „ Du bischt en Dabbschädel un du bleibscht en Dabbschädel!" Schon hatte der Kirchendiener kehrt gemacht und war wieder bei den Männern, die er nun mit den Worten: „Du bischt en Dabbschädel un du bleibscht en Dabbschädel" der Reihe nach absegnete. Achtundzwanzig gestandene Gläubige bekamen so das gegen allerlei Unbill helfende Kreuz auf ihre Stirn gemalt. Sechsundzwanzig von ihnen gingen nach dem Gottesdienst nach Hause, ohne sich über den seltsamen Weihespruch Gedanken zu machen. Zwei allerdings standen noch etwas beisammen um die eigenartige Weihe zu bereden. „ Hoscht du verschtanne, was der g´saat hott?" fragte der eine. „Nee gab ihm der andere zurück, awwer wann ich net genau wüsst, dass des lateinisch war – dann hätt ich em ennie uff die Gosch g´schlache!"

Man sieht – das beliebte und oft gebrauchte Wort – wird je nach den Umständen sogar als Latein gedeutet.

Eine Beleidigung war es in diesem Fall auch nicht, denn wenn die Herren keine Dabbschädel gewesen wären – na ja – halten wir uns da heraus.

Wer heute mit der Bahn fahren will braucht ein Tik-
ket. Die gibt es fast nur noch per Internet. Früher
holte man sich am Fahrkartenschalter eine Fahrkar-
te. Die wurde im Zug gelocht, weil man ohne Loch
keinen fahren lassen durfte. Mein Großvater holte
sich am Biletteschalter ein Billett. Ich weiß nicht
was die Chinesen brauchen. Vielleicht wissen es
einmal unsere Urenkel, wenn chinesisch herhalten
muss, die Sprache zu verfälschen. Aber all dies ist
ein Beweis, dass Mundart lebt. Meine Frage: Ist das
schlecht?

Unser Mundart un die Dabbschädel

Es babbeln Mensche – wie mer wääß,
gelegentlich en große Kääs
un mehnen – im verdrehte Sinn,
die Mundart wär heit nimmie in.
Mein Gott – die babbeln halt so Sache,
ich kann die ach net g´scheiter mache.

So gab ´s in meiner Jugendzeit,
nadierlich damals ach so Leit
un duh´n am Dialekt sich schtöre,
wann die mich pälzisch redde höre.
Und sagen: „Nein das tut man nicht,
das Schriftdeutsch ist doch höchste Pflicht."

Des waren manchmol g´scheite Leit,
doch unser Mundart lebt noch heit.

Warum lebt Dialekt so fort,
des unnerschiedlich g´schprochene Wort?
Warum? – na des is leicht erklärt:
Denn gibt ´s – seit Mensche uff de Erd.

De Adam kam vun A´fang aa,
die Eva kummt – des war sei Fraa
Un wie henn die geredd – ehr Leit?
Im Dialekt aus ehre Zeit,
die konnten sich kee Schriftschprooch gönne,
dann die henn garnet schreiwe könne.
Un konnten darum – wollen mer wette,
rein noch de Schrift noch garnet redde.

Ehr Kinner – des is jedem klaa,
die redden wie die Alde aa,
die Junge redden wie die Alde,
des hot millijone Johr sog´halte.

Un uff de große Welt de weit,
gilt des jo mehnschtendääls noch heit.
Wobei ´s bei uns so Blüte treibt:
Heit soll mer redde wie mer schreibt.
wobei sich jo die g´scheite Herre,
beim Schreiwe garnet ehnich werre.
Doch will mer ´s fascht zum G´setz erhewe:
Mein Gott – e Schprooch die muss doch lewe,

Meer henn heit Wörter – jedie Wett,
die kennt mer früher jo noch net,
dobei waren früher Wörter drinn,
wu ich mich selwer als besinn.

Zweehunnert Johr sinn ´s – odder drei,
do schleichen sich so Wörter ei,
die duht mer voll heit a´erkenne,
do muss ich bloos mol ´s „Trottwar" nenne.

Ach vun de Römer gibt ´s noch heit,
viel Wörter dort – aus deere Zeit,
so schtammt – was wahrscheins jeder wääß,
aus deere Zeit ´s Wort „ominös."
So duht mer viele Wörter kenne,
do könnt ich manches Beischpiel nenne.
Ach aus em Jidisch schleicht sich ´s ei:
Do könnt jetzt „koscher" ´s Beischpiel sei.

Nadierlich wannelt sich die Zeit,
die englische Wörter sinn des heit.
Heit hott mer – was doch jeder kennt,
kee Feschtel meh – mer hott Ivent.
´s Wort Esse is em zu gering,
drum b´schtellt mer sich heit Cätering.
Un trifft mer sich mol owends schpät,
hott mer kee Treffe – nee – en Däät.

Nadierlich woll´n mit solche Sache,
sich manche Mensche wichtich mache.
Ich denk: Mein Gott – wann die des wenn,
weil ´se was anneres jo net henn,
kenn Mensch is schließlich ganz perfekt,
die henn ehrn eigne Dialekt.
Dann ´s Wort Ivent – des is wohl wohr,
kummt doch in Hochdeitsch garnet vor.
Un loß mol hunnert Johr vergehe,
do werd als pälzisch mer´s verschtehe.

Nadierlich duht mer üwertreiwe,
heit alles englisch hiezuschreiwe,
meer wär schunn recht – des mol zu dämpfe.
Doch kammer gege Dummheit kämpfe?
Des war schunn immer so – zeitlebens,
do kämpfen Götter selbscht vergebens.
Drum – wer heit durch e Kaufhaus laaft,
der wääß meischt nimmie – was er kaaft.
Un Telefonrechnunge lese,
wu alles so verdreht duht hääße,
des schafft mer net – ach net mit Fluche,
am beschte is – es abzubuche.
Un denk der weiter nix debei,
ach „Roaming" werd mol pälzisch sei!

Des bleibt halt in de Schprooch so henke,
muscht bloos an Portmanne mol denke,

an Schääßlooh oder an ´s Billett,
des war ach erscht bloos nochgeredd,
an Barblee – wann de Rege sabbelt:
Ach des war erscht bloos nochgebabbelt
un heit – genau wie die Monduur,
do is des pälzer Reinkultur,
wobei des Wort Kultur beschtimmt,
mer vun de Römer üwwernimmt.

Un durch des Ganze – nooch un nooch,
entwickelt sich die pälzer Schprooch.
die uns erlaubt – trotz allem Hetze,
sich mit em Pälzisch durchzusetze,
ach wammer – wie mer alle wisse,
schunn manchmol hochdeitsch redde müsse.

Ich wääß – un duh des gut verschtehe,
es kann net ohne Schriftschprooch gehe,
ach Fremdschprooche – die muss mer kenne,
vorab will ich do Englisch nenne,
doch wer verzählt in froher Runde,
der braucht en Schproochgebrauch – en g´sunde.
Do macht ´s beschtimmt net viel Vergnüge,
duht enner sich die Schnut verbiege.

Un darum wär ´s e großes Wunner,
ging je de Dialekt mol unner,
dann was uns unsern Herrgott gibt,
millione Johr gebraucht – beliebt,

65

dass jeder noch seim Schnawwel redd,
des ännern g´scheite Herre net,
die oftmols selwer garnet wissen,
wie künftig meer was schreiwe müssen.

Drum – ach wer manchmol schriftdeitsch redd,
vergess es Pälzisch bitte net,
wu mer so schöö demit verzählt
un drum wär´s schaad – wann uns des fehlt.
(Wobei mer net vergesse sollt,
dass des de Herrgott so gewollt.)

Des alles is jo ach net nei:
Bloos – sehnen Dabbschädel des ei?

Aber auch ich gebrauche manchmal die Schriftsprache. Schon um zu beweisen: Jeder Pälzer kann e bissel hochdeitsch, bloos die wu hochdeitsch redden, können halt net pälzisch.

Die Lehre vom Bündel

Ich hört ´ne Story mal – vor Jahren,
aus der, da hab ich was erfahren,
was offenbar auf jedermann,
zutreffen – und ihm nützen kann.

Ein Vater riet – er war schon alt,
den Söhnen zum Zusammenhalt,
was diese wohl nicht ganz kapieren,
denn jeder wollte selbst probieren,
mit diesen oder jenen Sachen,
sein Reichtum – und sein Glück zu machen.

Da nahm der Vater dann einmal,
sich Stöckchen – sechse an der Zahl,
genau so viel nun offenbar,
wie auch die Zahl der Söhneschar.
Die er nun fest zusammenband
und hielt dies Bündel in der Hand.

Man hört ihn zu den Söhnen sprechen:
„Wer mag dies Bündel nun zerbrechen?"
Ein jeder der versucht ´s mit Kraft,
jedoch nicht einer hat ´s geschafft.

„ So sagt er – nun sollt ihr was lernen!"
Begann die Schnüre zu entfernen,
zerbrach die Stöckchen einzeln dann,
was sicher jedes Kind ja kann.
Er sagt: "Es braucht nicht mal Gewalt,
denn hier fehlt der Zusammenhalt,
ich bitte dass sich jeder merke,
Gemeinsamkeit – das bringt die Stärke!"

Dies sah dann schließlich jeder ein,
viel hält man nicht – wenn man allein
´s gehören mehrere dazu,
dies trifft auf viele Dinge zu.
Dies merkt euch bitte jederzeit,
weil ihr ansonsten „dabbisch" seid.

Pälzer
(net dabbisch)

Gut gesse – un e gut Glas Wei,
so segt de Pälzer – des muss sei
un g´schafft is hinnenooch dann viel,
drum is des ´s Pälzer Lewensziel.

Doch Leit – des is e schnoddrich Redd
Un glaawe derf mer des so net.
Zwar brauchen meer schunn unser Wei
un ach gut gesse – des muss sei,
dann des is klar – weil – wer viel schafft,
der braucht nadierlich dann ach Kraft,
des kann halt bloos durch Esse gehe.
En leere Sack bleibt jo net schtehe.

Doch bloos an Wei un Esse laawe,
des derf mer halt dann doch net glaawe,
die Pälzer henn jo newerm Esse,
ach noch viel höhere Int´resse.

Drum simmer jo ach zu was kumme,
bei uns do duht die Wirtschaft brumme,
ich mehn die groß – die mit Fabrike,
um sich mol deitlich auszudrücke.

Doch schätzt bei uns ach jedermann,
die Wirtschaft – wu mer esse kann,
wu mer ach Wei – reel un gut,
zum rechte Preis noch kriege duht.

Un do schteckt die Erfahrung drinn,
dass Pälzer net graad dabbisch sinn!
Dann wären meer des – jedenfalls,
wollt heit net jeder in die Palz.
Un wollt, des derf mer doch ach schreiwe,
dann – wann er do is net ach bleiwe.

Schtolze Dabbschädel

In Ludwigshafe wohnt en Mann,
der leider unser Schprooch net kann,
der is recht g´scheit – un b´schtimmt kenn Doofer,
der kummt do owwe – vunn Hannover.

Mein Gott – so Leit sinn uns schunn recht,
bloos – die verschtehen uns halt schlecht,
dann leider duhn so Koryphäe,
bei Pälzisch: „Bahnhof" – bloos verschtehe.
Oft schteht der do – ganz sicher wohr,
wie ´n Ochs vor ´m neie Scheierdoor,
wääß net was „Seller" hääße duht
un segt als „Mund" anschtatt „die Schnut":
Un segt ganz schtolz: „Was mich betrifft,
ich rede ganz klar nach der Schrift!"
Na – ja – denk ich – wann so en Mann,
nix ausewennich lerne kann,
do werd em jo nix üwwerich bleiwe,
als so zu redde wie zu schreiwe.

Er awwer hott mich dann belehrt,
was ich do denk – des wär verkehrt,
er sei „sehr stolz" warum auch nicht?
Dass keinen Dialekt er spricht!

Oh je denk ich – ach Gott was soll ´s,
meer Pälzer henn en annre Schtolz,
meer sinn bloos schtolz – so will ich ´s nenne,
uff Sache – die mer dann ach könne.
Wann ich nix kann, macht ´s wennich Sinn,
dass ich dodruff ach schtolz noch bin.

Un uff ´s nix Könne schtolz zu sei:
Do fallt mer „Dabbschädel" bloos ei.

Aus Respekt vor einem großen Mann – und einem großen
Land, werde ich mir das Wort Dabbschädel immer verknei-
fen. Auch wenn ich da meine Zweifel habe. Wie beispiels-
weise beim:

Herr Bush

Herr Bush – de große Präsident,
en Mann – denn sicher jeder kennt,
zu dem do werd wohl kenner wage,
emol: „Du Dabbschädel!" zu sage.

Des duht jo werklich jetzt net gehe,
wobei – der deht ´s ach net verschtehe,
weil der – doch so en große Mann,
jo üwwerhaupt net Pälzisch kann.

Doch efach jetzt mol a´genumme,
er wär als Pälzer nüwwer kumme,
uff Waschington – in ´s weiße Haus
un kennt sich in de Palz noch aus,
deht pälzisch redde – so wie meer,
do wär die Vorschtellung net schwer,
dass er – wann er sich in de Nacht,
so als emol Gedanke macht
un froogt – was im Irak bassiert:
„Warum bin ich dort eimaschiert?"
Obwohl er schickt bloos sei Soldate,
die henn des jo jetzt auszubade.

Un fallt em nacht ´s des emol ei,
do könnt vielleicht doch möglich sei,
dass er die Wirklichkeit erkennt,
un selbscht en „Dabbschädel!" sich nennt.

Des vorzuschtelle fallt net schwer,
wann de Herr Bush en Pälzer wär,
doch isser kenner – leider – leider,
drum schlooft er wahrscheins ruhig weiter.

Ja – ach als for en Präsident,
wär´s schöö – wann er sich selbscht erkennt,
dann Annre dürfen halt nie wage,
des was er is – zu ihm zu sage.
Do fehlt halt jedem dann de Mut,
doch wann er ´s wüsst – des wär schunn gut.

Gutenachtg´schichte

Kind jetzt hör mer mol gut zu:
Owends braucht de Mensch sei Ruh,
dann des is so eigericht,
üwwer Dag duht mer sei Pflicht,
dääls for sich un annre Leit,
awwer owends kummt die Zeit,
wu mer sich sei Ruh dann gönnt,
ach wammer noch schaffe könnt.

Früher Kind – wann ich der sag,
waren verzeh Schtunn am Dag,
die Zeit – die mer schaffe muss
un donooch – do war erscht Schluss.

Heit sinn ´s meischt bloos siewwe Schtunn,
also knapp die Hälft devun,
awwer trotzdem henn die Leit,
owends immer noch kee Zeit.

Warum des – des willscht jetzt hööre,
doch des kann der kenn´s erkläre
un ich bin halt ach so dumm
un wääß doher net warum.

´s is halt so – muss wohl so sei,
also Schätzel schloof jetzt ei,

bischt mol größer – dann werscht sehe,
du werscht ´s ach net ganz verschtehe,
warum mer des heit so macht,
schloof recht friedlich – un gut Nacht!

Kind – du sollscht mich doch net plooge
un alsfort so Sache frooge,
beischpielsweis willscht du jetzt wisse,
warum Kriege sei dann müsse?

Kind – en Krieg denn will doch kenner,
högschtens e paar dumme Männer,
awer trotzdem - ´s is halt so,
is en Krieg uff emol do.

Ja – was mer net glaawe sollt,
kenner hot de Krieg gewollt,
dann der macht jo garkenn Sinn,
plötzlich schteckt mer mittedrinn,
der bringt sicher niemand Glück,
schmeißt die Menschheit weit zurück,
koscht ach noch en Haufe Geld
un is Schlimmschte uff de Welt.

Darum Kind – was soll die Redd:
Warum Krieg? Ich wääß es net.
Es gibt Leit – ganz sicherlich,
die viel g´scheiter sinn wie ich,

doch die werscht net frooge müsse,
weil ´s die nämlich ach net wisse!

`s gibt e Antwort – uff die Frooch,
denkt mer mol e bissel nooch.
Kriege könne bloos beginne,
weil ´se Dabbschädel erfinne.
´s gibt bloos Krieg – wu ´s scheppert – kracht,
weil mer dabbisch Zeig ´s gemacht.

An ´me Krieg un seim Tumult,
sinn die Dabbschädel bloos schuld.
Doch die Dabbschädel – des glaab ich,
die sinn dabbischer wie dabbisch.

Die dabbisch Zeit

Klar is – wu ich sicher bin,
dass net bloos Mensche dabbisch sinn,
dabbisch sinn net bloos die Leit,
dabbisch is ach oft die Zeit.

Des is sicher – wann ich sag,
höört mer dann net jeden Dag:

„Ow – des geht net - ´s duht mer leid,
des is halt e dabbisch Zeit!"

Eh die Fraa em was kann hääße,
duht mer morjns sei Zeitung lese,
ehner – denn hoscht lang net g´sehe,
duht do in de Zeitung schtehe.

Hinne – uff de innere Seite:
„Wurd´erlöst von seinem Leide!"
Schwarz umrand do schtehe duht
un denn kennt mer doch so gut,
do gibt ´s kee Entschuldigung,
muscht uff die Beerdigung.

Suchscht ach de Termin noch glei,
„Donnerstag – um halwer drei"
doch des geht net - ´s duht mer leid,
dann des is e dabbisch Zeit,
weil – un des is ach noch wohr,
do hoscht schunn was annres vor.
Schickscht e Käärtel – des geht aa,
weil die Zeit halt dabbisch wa(r).

Doch Beweise gibt ´s noch meh,
zu schnell duht die Zeit vergeh´,
wann ´s emol so urgemütlich,
dann do rennt ´se – unermüdlich.

Doch liggscht emol krank im Bett,
nee – do macht die Zeit des net,
weil – wammer die Deck bloos sieht,
sich die Zeit wie Gummi zieht.

Ja – recht dabbisch isse schunn,
manchmol geht ´se zu schnell rum,
manchmol möchte mer ´se vertreiwe,
doch do duht ´se schtehe bleiwe.

Sehen ehr – so isses – Leit,
oft do gibt ´s e dabbisch Zeit
un – es is doch do was draa,
oft schtellt ´se sich ganz dabbisch aa.

Dabbschädel is zwar net drinn,
dann die Zeit is feminin,

Duht mer denn Vergleich mol nemme,
muss mer wirklich sich net schämme
un ´s is ach kee Ärgernis,
wammer selbscht mol dabbisch is.
Des is mol ganz sicher wohr,
´s macht ´s uns jo die Zeit schunn vor.

Doch es gibt nicht nur dabbische Menschen, nein auch dabbische Dinge findet man allerorts und fast täglich. Zum Beispiel:

Dabbische Serviette

Es is jo sicherlich kenn Schade,
werscht zu ´me Dinner eigelade,
was Dinner is – des wisst ihr jo,
e feschtlich Esse – oder so,
doch bitte duht eich net beschwere,
ich kann denn Name net erkläre,
uff alle Fäll duhn Dame – Herre,
vum Dinner net viel dinner werre.

Es is schtets sorgsam zubereit,
mit Dischschmuck liewevoll umkleid,
Beschtecke sorgsam ausgericht,
e Blummepracht – hoch uffgericht
un in de Mitt – voll Wohlgeschtalt,
liegt die Serviett, schöö zammeg´fallt.

(Serviette braucht mer – die sinn gut,
weil mer sich schunnscht verdrobse duht.
Sie könne em jo schunn beglücke,
doch henn die Dinger ach ehr Tücke,
mer derf ´se drum schunn dabbisch nenne.
Doch glaab ich – des duht jeder kenne,

der je an Dinner teilgenumme:
So bin uff des Gedicht ich kumme.
Weil ach ´me Freund beim Dinner halt,
des dabbisch Ding als nunnerfallt,
der segt: „Bei denne dumme G`schichte,
do sollt mer mol was drüwwer dichte!"
Ich hab gedicht wie des gewese,
wer ´s wisse will soll weiter lese.)

Sie liggt am Platz – an dem pauschale,
for schpätere Deller oder Schale
un weil ´se dort jo hinnre duht,
do muss ´se weg – soweit – so gut.

Mer fallt ´se uff – recht weit un groß
Un leggt ´se sittsam uff de Schooß,
doch kaum hott die ehrn Platz dort g´funne,
do liggt ´se ach schunn weiter unne
un unsern lackgepflegte Schuh,
denn deckt ´se jetzert sorgsam zu,
obwohl - mer will ´se net benütze,
bloos um die Lackschuh mit zu schütze.

Liggt wie e Brett – weil schteif jo g´schtärkt,
greift sorgsam – dasses kenner merkt,
noch unne – um ´se dort zu fasse,
doch so was duhn Serviette hasse,
die - weil ´se des hat üwwel find,
in Richtung Nochberbää verschwindt.

Doch angelt mer – mit gradem Blick,
´se uff de rechte Fuß zurück,
klemmt fescht ´se zwische beide Sohle
un kann ´se so noch owwe hole.

Doch wie mer graad de Löffel hebt,
des Lumbeding erneut entschwebt.
Sie is jetzt seitwärts abgeglitte,
noch rechts – dann Richtung Dischesmitte,
doch schunn so weit – dass mer ´se dann,
mimm Fuß schunn nimmie angle kann.

Drum ritscht mer bissel vor vum Sitz,
verwischt ´se – mit de Lackschuhschpitz,
um mit dem Laake – mit dem frische,
de Boddem sorgsam abzuwische.

Noch sellem zwette Fluchtversuch,
benützt mer besser ´s Dascheduch,
dann for de Schnawwel abzubutze,
soll mer ´se besser net benutze,
dann die Serviett – um Himmels Wille,
die is jetzt sicher voll Bazille.

Jetzt is des Duch zwar arweitslos,
doch es ritscht widder em vum Schooß.
Un weil jo – Dame wie die Herre,
am Boddem mit de Füß jo scherre,

ritscht die Serviett, ganz schtill un heiter,
allmählich drei – vier Schtuhlsitz weiter,
so dass mer ´se vum seim Sitz dann,
mimm Fuß nimmie verwische kann.

Des Dinner – sorgsam zubereit,
des is em langsam jetzt verleid,
do plötzlich sieht mer so im Dunkle,
ganz weiß jetzt die Serviett wu funkle
un angelt mit em Fuß donüwwer,
schtooßt an die Dam´ vun gegenüwwer,
die des quittiert – mit bösem Blick,
dann holt mer sich des Ding zurück
un klemmt ´se mit de Füß jetzt ei,
do segt de Nocheber: „Die is mei!"
Un loßt de Blick noch unne gehe:
„Aa ehrie kammer nimmie sehe!"

Mer is ab jetzt serviettelos,
die Sooß die drobst em uff de Schooß,
mer höört schunn vun de Fraa denn Satz:
„Was du brauchscht is en Schlawwerlatz,
mit deer do muss mer sich jo schämme,
ja kannscht du kee Serviette nemme?"
Un denkt de Rescht vum Owend verschtohle:
Serviette soll de Deiwel hole.
Uff jeden Fall – do kannscht druff wette,
es gibt schunn dabbische Serviette!

Doch auch einstmals wertvolles Tischgeschirr, kann mit der Zeit als dabbisch bezeichnet werden, so wie beim einstigen Staatstück:

Die geblümmelt Kaffeekann

Vor etwa hunnertdreißich Johr,
geh´n emol zwee durch ´s Kerchedoor
machen dort vor ´m Traualtar
un vor Gott de Eh´schtand klar.

De Herr Parrer – salwungsvoll,
segt was mer bedenke soll,
bitt um Kinnersege – reiche,
mer dauscht Ring – als Treuezeiche,
jeder schpricht e klares Ja
dodenoch war alles klar,
geht zurück in ´s Elternhaus
un lad ei – zum Hochtzichschmaus.

Die Verwandte – um die Reih,
waren do ach gern debei,
jeder bringt e G´schenk drum mit,
hofft – dass nägschtjohr mer zu dritt,
Segenswünsche kammer hööre
un um kee Hochzichnacht zu schtööre,
is mer uff de Häämweg gange.
´s duht ach schließlich jedem lange

un es Brautpaar des dann macht,
was de Sinn der Hochzichnacht.

Morjens geht ´s beizeite raus,
Frühschtück – mer packt G´schenke aus.
Un die schtehen dann uff em Disch,
manchmol unnütz – sicherlich,
awwer viel – was Fraa un Mann,
in de Eh so brauche kann.

So betracht mer – Schtück um Schtück,
schtellt ´s dann uff de Dich zurück,
gibt dezu en Kommentar,
je nochdem was des halt war.
´s Schönnschte awwer is gewiß,
´s G´schenk doch – vun de Dante Liß,
´s is was – wu mer brauche kann:
E geblümmelt Kaffeekann.

Die duht b´schtimmt zwee Liter fasse,
dozu noch sechs Kaffeetasse
un ach Deller – wunnerschööne,
so e Schtaatsschtück loßt sich sehne.
Des duht in de Schrank dann kumme
un werd Sunndags bloos genumme,
dann des is jo – ehrlich g´saat,
for de Muckefuck zu schad.

Fuffzich Johr hott alles g´halte
un dann schterwen ´se – die Alde.
So duht ´s dann ehr Dochter erwe
un ´s gibt ach die erschte Scherwe.
Mol fliegt was vum Disch – mit Schwung,
mol kriegt dann e Tass en Schprung,
irgendwann – des is halt so,
is dann bloos die Kann noch do.
Die jo ach schunn Macke hott,
an de Ränd – un an de Zott.
Bis dann ach die Dochter schterbt
un die Kann erneut vererbt.

Däglich isse jetzt im Trapp,
dobei bricht de Henkel ab,
doch weil jo des Schtück des gut,
vun de Oma schtamme duht,
werd der widder draageklebt,
was dann jo ach wirklich hebt.

Doch in deere Kann – der ald,
werd zu schnell de Kaffee kalt,
des hott früher net so g´schtöört,
damals kam ´se uff de Herd,
doch wer hotten heit am End,
noch en Herd – wu Feier brennt?

`s kummt e Kann die isoliert
un die Ald werd ausrangschiert.

`s duht mer dann e Plätzel finne,
in de groß Vitrien – ganz hinne,
doch mer braucht halt mol denn Platz
un so kummt der große Schatz,
einst e Schtaatsschtück – ganz feudal,
im Keller – in e ald Regal.

Dort hott ´se e paar Johr g´schtanne
un draamt leis so vor sich anne,
vun de gute alde Zeit,
wu ´se Sunndags dienschtbereit,
als de Schtolz vum ganze Disch
un ehr Blimmelscher ganz frisch,
net wie heit – verwäschne – blasse,
rundrum noch ehr Kaffeetasse,
jetzt allmählich schunn voll Dreck,
schteht ´se imme Kellereck.
Un so wart ´se uff ehr End,
hofft – dass mer ´se brauche könnt,
dass for irgendwas ´se daucht
un mer ´se halt nochmol braucht.

Weil die Zeit jo weiter schreit,
ännert sich so manches – heit
un heit lad mer sich halt Gäscht,
owends – for em Hochzichfescht
un do werd dann fescht gekleppert
un viel Porzellan zerdebbert.

Un jetzt – noch hunnertdreißich Johr,
kummt widder mol e Hochzich vor,
vor deere – wie des heit so geht,
dann halt de Polterowend schteht
un do denkt en junge Mann:
„Was soll die dabbisch Kaffeekann,
im Keller drunne – ganz verdreckt,
die nimmie wääß wie Kaffee schmeckt?"

Drum duht der Enkel – ganz verschtohle,
die alde Kaffeekann sich hole,
die im Keller schteht – ganz schtill
un kenn Mensch meh nemme will.
Ja - so kummt ´se aus ehrm Eck
un erfüllt nochmol en Zweck,
is ach längscht kenn Kaffee drinn,
macht ehr Dasein doch noch Sinn.
Un sie kummt in hohem Boge,
uff en harte Bodeem g´floge
sie verbricht in dausend Scherwe,
awwer jeder muss mol schterwe.
Scherwe gibt des gute Schtück,
awwer so was bringt jo Glück.

Un schtatts imme Eck zu schtehe,
duht se sinnvoll vun uns gehe,
sinn ´s ach Scherwe bloos – un Trümmer,
abseits schtehe is viel schlimmer.

Was mer doch behaupte kann,
net blos vun´ re Kaffeekann,
die mer lang als Schtaatsschtück kennt
un am End dann dabbisch nennt.

Moral

Mer kann ganz schnell dabbisch sei,
wann dei beschtie Zeit vorbei.
Doch wann ich mol ganz offe bin,
macht ach de ledschte Gang noch Sinn,
selbscht wann bloos Leit triffscht, deht ich mehne,
die mer schunn Johre nimmie g´sehne.

Drum kann, des sieht jo jeder ei,
der dabbisch Doht net dabbisch sei.

Dabbische Name

Mer denkt doch manchmol – dass mer schpinnt,
wammer uff Name sich besinnt.
Mer denkt zwar: „So was derf net sei!"
Do fallt em plötzlich enner ei,
doch ´s is Gehirnfach graad wie leer:
„Gewitter nee – wie hääßt dann der?"

Der hääßt doch – mehnscht ich käm do druff,
jetzt höört sich awwer alles uff.
Nadierlich hääßt der – Feier nee,
ja kann ´s em wirklich dann so geh.

Mer hott de Name owwe drinn,
er kummt em bloos net in de Sinn,
na – ja – dann werd mer abgelenkt
un es werd nimmie draa gedenkt.

Doch nacht ´s im Bett do werd mer wach
Un schunn rumorts Gedankefach.
Mer knotscht zuerscht mol ´s Koppekisse,
dann awwer will mer endlich wisse:
„Wie hääßt der Kerl jetzt wirklich – wie?
Im mitte Name is e I,
er singt jo ach im G´sangverei."
Bloos fallt em net der Name ei.

Do owwe is graad alles weg,
sei Fraa is e gebornie Fleck,
bloos kummscht net uff sein Name druff.
Do hört sich awwer alles uff.

So werkelt mer sich zwee, drei Schtunne,
trotzdem – der Name werd net g´funne,
do macht mer dann mol en Versuch,
schteht uff – un holt des gelwe Buch,
vum Telefon – des duht mer nemme,
um ´s noch dem Name durchzukämme.

Mer fahrt mimm Finger durch die Reih,
bloos is der Name net debei.
Is net vun vorne – net vun hinne,
im Telefonbuch uffzufinne.

Jetzt hätt mer wahrscheins gern prowiert,
denn – wu de G´sangverein kassiert,
am halwer viere a´zurufe,
doch do duht doch ´s Gewisse hufe
un ganz so wichtig is jo net,
drum also widder nei in ´s Bett:
„Vergess des Ganze – des is g´scheiter,
un schloof halt endlich widder weiter.“

Des dürft zwar net so efach sei
doch schlooft mer beinah widder ei,

die Sach die geht em aus em Kopp,
do plötzlich awwer wääß mer – Schtopp,
do is mer sicherlich net err,
der Kerl schreibt sich am End mit R.

Na – ja – jetzt is mer awwer froh,
mer kummt der Sach schunn näher so.
Mer dreht de Kopp un dreht die Händ,
wie blooos der Kerl jetzt hääße könnt?

´s is jo en Name – ganz gewöhnlich,
wie Niederberger – oder ähnlich
un er duht ach Vetreter mache,
dann höört mer ´s halwer siwwe schlache,
doch kummt mer efach jo net druff,
´s schlägt siwwe un dann schteht mer uff.

Un wie mer in de Hosse drinn,
geht em der Vorgang aus em Sinn.

Mer braucht ach bloos zu frooge schpäter,
im Dorf – do kennt den schließlich jeder,
mer ruft en allseits bloos de Heiner:
Richtig – Heiner Liebensteiner,
do schtehts – fascht wie in Marmor g´schriwwe
un du liggscht wach – vun ehns bis siwwe.

Doch jetzt kannscht – bis in Ewigkeite,
denn Liebenschteiner nimmie leide,
dann ´s is jo wirklich ach e Schann,
dass ehns so dabbisch hääße kann!

We kann en Name – ich sag ´s frei,
jo awwer ach so dabbisch sei.

Es gibt Dinge, ganz besonders geschriebene, die sind absolut notwendig und unabdingbar, deshalb vom Gesetzgeber auch vorgeschrieben und trotzdem ausgesprochen dabbisch. Und meist ist es besser sie gar nicht durchzulesen. Sie können sich denken, von was hier die Rede ist, richtig – die berühmten Beipackzettel. Oder wollen Sie wissen, welche Nebenwirkungen bei Milchgenuss auftreten können? Von Milchschorf bis Durchmarsch bei gleichzeitige Einnahme von Leberwurst.

Darum sind – bei aller Notwendigkeit – Beipackzettel:

Dabbische Zettel

´s kann em jeden Dag bassiere,
das Bakterie – oder Vire,
in ´s Immunsyschtem sich schleiche,
um e Krankheit zu erreiche.
Kannscht ´se zwar mit Schnaps bekämpfe,
oder ach mit Saunadämpfe,
doch ´s is unnütz – des Beginne,
dann die Viehscher duhn gewinne.

Also suchscht de Dokter uff,
der schiebt erscht die Brill mol nuff,
guggt der dief mol in die Aage
un dann hört mern kritisch sage:

„Was Sie haben ist ganz klar,
eine Influenzia.“

Denkscht der nimmt dich uff die Schipp,
weil du mehnscht du hättscht die Gripp,
doch weil Dokter ernscht mer nimmt,
glaabt mer halt mol – dass des schtimmt.

„Ja – bei Influenzia,
hilft nur Antibiotika!"
drückt sich dann de Dokter aus
un schreibt e Rezept der raus.

`s zahlt mer noch zeh Euro jetz`,
dann des is jo noch em G´setz
un wann häämgehscht – uffem Weg,
gehscht noch in die Abodehk,
kriegscht e Schachtel – un ganz sicher,
noch babierene Daschedücher
un mer packt der ach noch glei,
die Abodehke Rundschau ei,
dann in deere schteht jo drinn,
wellie Krankheit jetzt graad in.
Zahlscht noch die Rezeptgebühre
un laafscht hääm – mitsamt de Viere.

Bischt dehääm – un packscht dann aus,
do fallt en Beipackzettel raus.

Nimmscht die Brill – jetzt gugg mol do,
do schteht was vun Risiko.

Bei Schwangerschaft nemm des net ei.
Schwanger dürft mer jo net sei,
duhscht zur Zeit jo ach net Schtille,
weiter geht ´s – um Gottes Wille.
Bei niederer Krampfschwell, schteht do, ehrlich,
do wär des Mittel lewensg´fährlich.
Doch wemm is dann jetzt gewiß,
wie hoch bei ihm die Krampfschwell is?
Dann liewer mol en Virus erwe,
als an zu niederer Krampfschwell schterwe.

Dann kummt e Schpalt – die höört net uff,
do schteht die Newewirkung druff.
Doch des will ich jo net wisse,
ich hab denn Zettel glei verrisse,
duen in klenne Fetze reiße,
um ihn samt Schachtel fortzuschmeiße.

Doch des hott unser Oma g´sehne:
„Des derf mer net!" so duht ´se mehne,
„ ´s is g´fährlich – giftich noch dezu,
des derf mer net zum Hausmüll duh.
Is deer dann so was net bekannt,
a du vergifscht jo ´s ganz Land."
So duht jetzt unser Oma grolle:
Un ich hätt so was nemme solle!

Doch weil des Mittel Geld gekoscht,
ach wann die Krankekass do hoscht

un fortschmeiße derf ach net sei,
do nimmt des jetzt die Oma ei.
Die is net schwanger - ´s kammer sage,
ehr Krampfschwell werd des ach vertrage,
die is scheints offenbar noch gut,
ach wann ´se ´s ganz Johr krexe duht.
Un gege Gift – ach Gott ehr Leit,
do war die jo schunn immer g´feit.

Ich bin jo dann ach so genese,
doch nochmol Beipackzettel lese.
Was nützt mer dann – wann dodrinn schteht,
dass `s Gilbenclamind sich erhöht
un dasses dodedurch am End,
zu Pantzytopenie kumme könnt.
Un ob des gut is – oder schlecht,
wann des die Antazida schwächt?
Un ob Bazille in meer drinn,
ach wirklich Entrobacter sinn?
Weil ´s gege die besonders gut
un fascht ach immer helfe duht,
or sinn des annre Sorte bloos
un gege die is ´s wirkungslos.

Na – ja – was soll´s – vielleicht macht ´s Sinn,
der Zettel in der Packung drinn,
doch liggt mer wirklich krank im Bett,
dann les denn Zettel liewer net.

E korz Gebet zum Himmel schicke
Un efach die Tablette schlicke,
des dürft es allerbeschte sei,
de Herrgott schteht em dann schunn bei,
wann net bischt sowieso jo hie
un ach der Zettel hilft nimmie.
Or wääß vun eich ehns – seien mol ehrlich:
Dass Pantzytopnie lewensg´fährlich?
Seht ihr – des henner net gewisst,
obwohl mer des jo wisse müsst.

Doch froogt ach net die Doktersleit,
die sinn zwar allgemein recht g´scheit,
dann meiner hott ach net gewisst,
wie hoch bei mer die Krampfschwell misst.

Wenn der Vater vom Sohn als Dabbschädel bezeichnet wird – und die Mutter dies auch noch bestätigt, scheint wohl was dran zu sein.

Es war eine Familie mit sieben Kindern. Sechs kräftige Buben und ein liebliches Mädchen. Keiner der Buben redete viel, aber einer war mehr als „maulfaul" er sprach überhaupt nicht, war aber auch nicht taubstumm. Ärztliche Kunst war vergebens, da riet der Herr Pfarrer, es mal mit einer Wallfahrt nach Lourdes zu probieren. Den Eltern schien es den Versuch wert, also pilgerte der Vater mit dem Sohn nach Lourdes. Dort angekommen tunkte er ihn kurzerhand in das wundertätige Wasser und als der Bube wieder Luft bekam, sprach er deutlich den Satz: „Vadder, du bischt en Dabbschädel!"

Der Vater war überglücklich und eilte zum nächsten Telefon, die frohe Botschaft zu übermitteln.

„Mutter – unser Bu hott geredd!"
„Was hott er dann g´saat?" fragte die Mutter.
„Vadder – du bischt en Dabbschädel!"
Darauf die Antwort der Mutter:
„Do hott er awwer ach graad recht g´hatt, du hoscht nämlich de Falsche mitgenumme!"

Ich Dabbschädel

Ich duh ach e paar Mensche kenne,
die mich persönlich dabbisch nenne,
doch hab ich do ach nix degege
un denk debei bloos: „Meinetwege."

Dann schließlich henn die Leit jo recht,
was ich ach net beschtreite möcht
un in meim Lewe – in meim lange,
is doch schunn manches dabbisch gange.

Un weil jo jeder mit debei,
will ich do ach kee Ausnahm sei.
Dann dabbisch Zeig – des macht jo jeder,
de ehne früher – ehner schpäter.

Drum will ich mich ach net beklage,
duht enner so was vun mer sage.
„Der Kerl – mit seiner Reimerei,
der will wohl was Besondres sei,
der macht sich dodemit noch wichtig,
debei – do kanners netmol richtig.
Was der so schreibt is alles Scheiße."
So duht mer sich es Maul verreisse.
  „Ich kenn den Kerl mit seiner Klapp,
der schreibt doch die Gedichte ab,

die jo vun annre sinn – die g´scheiter,
gell – sag mer ´s awwer jo net weiter!"

De anner schwört: „Ich duh nix sage."
Dann bringt er mer´s – die nägschte Dage,
„Verklag denn Kerl!" – duh ich dann hööre,
„ich wer der ´s vor Gericht beschwöre!"
Doch ´s Ganze is mer worschtegal,
ich hab jo ach kee anner Wahl.
Was bringt mer ach es Klage schunn,
was hab ich schließlich dodevunn?
E Eich duht ach ganz ruhich bleiwe,
duht sich e Wildsau ann ´re reiwe.

Ich bin zwar dabbisch – des is wohr,
doch nemm ich mer so Kerl net vor,
die schtell ich dann ach net zur Redd:
Dann ganz so dabbisch – bin ich net.
Hab nie en Dabbschädel gekennt,
der enner is – weil mern so nennt!

Wenn man von „dabbischen Sache" redet, darf man eines
nicht vergessen: es dabbisch Wetter

Frühjohrswetter

Zählt mer mol uff, was ganz gewiß,
schunn dabbisch war – or dabbisch is,
do derf dann beim Zusammezähle,
es Wetter sicherlich net fehle.

`s is Frühling – langsam merkt mer ´s schunn,
sie nimmt an Kraft schunn zu – die Sunn,
mer sieht schunn erschte Mannelblüte
un denkt en jeder is zufriede.

Doch nee – es is net jedem recht,
die Winzer finnen ´s Wetter schlecht:
„Des is zu früh – so werd gejammert
„Meer henn noch netemol gekammert[1].
Die Eisheilige die werren kumme,
do werd noch recht viel mitgenumme,
zu früh duht alles jetzt schunn treiwwe,
´s müsst alles jo im Holz noch bleiwwe,
des nimmt emol kee gutes End!
Des dabbisch Wetter", so werd g´flennt.

En schööne Frühling – ehrlich g´saat,
kriegt dabbisch dann – als Prädikat.

[1] Gekammert – oder Kammert machen,
bedeutet die Weinberge für das Jahr herzurichten

Summerwetter

Es gibt kee Wetter – schlecht or gut,
des ehns net dabbisch finne duht.
E Beischpiel möchte ich do mol sage:
´s is Summer – un sinn schööne Dage,
drei Woche schunn kee Wolk zu sehne,
e gutes Wetter – deht mer mehne,
kee bissel Rege un kee Wind,
e Wetter des mer super find.

Mer liggt am Badeschtrand im Schatte,
es tummeln sich die Wasserratte,
am Owend macht em ´s Grille Schpass,
korzum – so Wetter is halt was.

Doch newer meer – oh liewer Gott,
wohnt enner – der en Gaarte hott:
„Des Wetter," schtöhnt der morgens schunn,
de ganze Dag die brennend Sunn,
vun morjens bis Owends muss mer gieße,
denn Petrus sollt mer glatt erschieße,
ah so e Wetter," duht er schenne,
„des kammer doch bloos dabbisch nenne!"

Ja – ja – de Schtandpunkt – der beschtimmt,
wie mer es Wetter dann so nimmt,
egal wie Petrus sich entschiede,
´s is ehner sicher net zufriede.
Dem basst des Wetter efach net,
so dass er dann vun dabbisch redd.

Herbschtwetter

Es is wie ´s is – de Newwel wallt,
Derweil es Laab all runnerfallt,
dezu do kummen trüwe Dage,
siehscht oft die Hand net vor de Aage
un jeder schtimmt im Chor mit ei:
„Muss dann so dabbisch Wetter sei?“

Doch ´s gibt ach Leit – do basst des schunn,
die wollen Newwel – un kee Sunn,
die Schtrooß vum Laab so richtich glatt,
die kriehen nie des Wetter satt.

Die machen richtig frohe G`sichter,
werd ach de Newwel immer dichter,
sinn froh – duht mol de Boddem g´friere,
die duen Autos repariere,
die kloppen em die Delle raus
un wechseln Seitedääle aus.

Die henn ehr Frääd an der Nadur,
dann die henn jetzt jo Konjungtur,
dann graad in denne Newwelzeite,
hott ´s Autoblech jo viel zu leide.

Wann jeder schilt – es wär net gut
un dabbisch Wetter sage duht,
is immer enner ach debei,
der mehnt: „Es könnt net besser sei.“

102

Doch Viele redden ach doher,
dass halt es Wetter dabbisch wär,
ja – Wetter mache sinn so Sache,
do is net jedem recht zu mache.

Winterwetter

Es suddelt vor de Deere draus,
am liebschte hockt mer jetzt im Haus,
´s is u´gemütlich – des is klar,
doch weil ich dodurch Heizung schpar,
finn ich des Wetter jetzt net schlecht
un ´s is mer for de Winter recht.

Doch kenn ich enner do im Ort,
der treibt am liebschte Winterschport,
der jammert bloos: „Oh jeminee,
wu bleibt dann desjohr bloos de Schnee?
Un dann," so flickt er do noch ei,
„´s is Winter – do müsst ´s kälter sei!
Des Wetter," segt er – ganz entschiede,
so dabbisch Wetter müscht verbiete!"

Ich finn des Wetter also gut,
derweil ´s der dabbisch finne duht.
doch Gottseidank – es ännert kenner,
net die allerg´scheitschte Männer,
selbscht Kompjuder – die so g´scheit,
können ´s net vorausseh´ heit.
Wissen net wie ´s Wetter werd
un henn sich schunn oft geerrt.

Em Dabbschädel sei End

Er hott – was jo in de Palz nix Ehrenrühriges is gern enner getrunke. Alsemol allerdings meh wie sein Dorscht u´bedingt gebraucht hätt. Ausserdem war er en ganz begeischterter Schoofkoppschpieler. Weil er denne zwee Leidenschafte fascht jeden Owend ausgiebig g´frönt hott, war dehääm de Haussege net immer graad g´hanke.

Doch dann is amme Owend was bassiert. Mitte beim Kaarte fallt er vum Schtuhl un war mausedoht. Enner vun seine Kaartbrüder bückt sich – nimmt em die Kaart aus de Hand un mehnt: „´s is net so schlimm, der hätt sowieso kenn Schtich meh gemacht!" Doch jetzt musst mer jo sei Fraa verschtändige. „Mach ich!" segt enner „ich geh hie un bring ´res schonend bei. Er macht sich uff de Weg, kloppt an de Fenschterlade un ruft noch de Fraa. De Lade geht uff un wütend kreischt ´s owweraus: „Was issen los do unne?" „Ei gutie Fraa ´s is weggem ehr Mann!" war die Antwort. „So!" ruft die Fraa, „hotter sich widder voll g´soffe, der Lumbes, der dabbisch?" „Ja!" kam die Antwort, des hotter!" „Hotter widder sei ganz Geld verschpielt, beim Kaarte, der Dabbschädel?" Die gleich Antwort: „Ja – des hotter!" Jetzt werd die Fraa noch lauter: „Wanner nummer verrecke deht, der dabbisch Dabbschädel!" „Ja – des isser!" War die lakonisch Antwort un domit war die Nachricht schonend üwwerbroocht.

Die dabbisch Sunn

Die Sunn – es Lewenselement,
die manchmol hääß vum Himmel brennt,
doch die sich manchmol schun uff Woche,
ach hinner Wolke hott verkroche,
die kann ´s ach niemand richtich mache
und macht halt manchemol so Sache,
bei denne sicher net verkehrt,
wann mer als dabbisch ´se erklärt.

Wu bleibt dann als de Sunneschei,
denn mer so braucht – beim Pälzer Wei?
Warum brennt die so fescht wie ´s geht,
wammer als uffem Friedhof schteht,
im schwarze A´zug – un mer schwitzt,
weil ach de Krage zu eng sitzt.
Un owwe schteht die Sunn un brennt,
die mer zu recht dann dabbisch nennt.
Jaja – de schöönschte Sunneschei,
der kann ach manchmol dabbisch sei.

De dabbisch Kompjuder

En Kompjuder is heit wichtich,
der macht dausend Sache richtich,
doch kann graad so viel an Sache,
wann er will – net richtich mache.

Un mer frääd sich dass en gibt,
dann eh Schpiel – des is beliebt,
laaft was schief – sofort is klar,
dass des de Kompjuder war.
„Mensch!" so werd sich rausgeredd,
„nee – ich selwer war des net,
de Kompjuder duht des mache,
manchmol macht der halt so Sache!"
So mer dem die Schuld dann gibt
un hott ´s falsch bloos eigetippt.

„Der is dabbisch!" kammer hööre
un der kann sich jo net wehre,
denkt: „Loss mich halt dabbisch sei,
gibt mer meer mol ´s Falsche ei!"
Is halt g´scheiter – meh gewitzt,
als wie der – der vor ihm sitzt.

Nun sind Sie mit dem Buch durch, wenn Sie es nicht von hinten her lesen wollen. Und es soll ja Dabbschädel geben, die so etwas tun. Doch da halte ich mich raus. Zum Abschluss noch ein klärendes Gedicht:

Die Dabbschädel vom Hambacher Fest

Es ist ja sicher jedem klar,
dass in der Pfalz oft Ärger war.
Da trieb es schon das Römerheer,
danach da kamen noch viel mehr,
die hatten all die Pfalz als Ziel,
jedoch gebracht hat keiner viel.

Es war beileib nicht immer friedlich
und meistens auch sehr ungemütlich,
gab viel Zerstörung – leider – leider,
doch alle zogen wieder weiter,
egal wie schlimm sie es getrieben,
die braven Pfälzer sind geblieben.

So war die Pfalz halt vehement,
von Dabbschädeln stets überschwemmt
und darum weiß auch jedes Kind,
was Dabbschädel für Leute sind.

Das weiß man hier drum – allerorten,
doch gibt´s davon halt viele Sorten,

es wird sich drum auch nicht gehören,
sie über einen Kamm zu scheren.
Weshalb ich auch im Buch berichte,
von Dabbschädeln aus der Geschichte
und wer es las – der ist im Bild,
dass zwar das Wort für Viele gilt,
doch können sie ganz allgemein,
halt auch sehr unterschiedlich sein.

Dabbschädel wird man schnell genannt,
das ist hier allerseits bekannt,
doch nicht so leicht ist es – zu sagen:
Ist Dabbschädel ein Grund zu Klagen?

Ein Beispiel zeigt es im ganz Klaren,
ein Aufmarsch war – vor vielen Jahren,
da zog ein langer Bürgertross,
bei Hambach hoch – zum alten Schloss.

Dort wettert man – mit großem Eifer,
zum Beispiel Wirth und Siebenpfeifer
doch andere auch – aus dieser Schar,
weil man halt unzufrieden war
und Missstand gab ´s – in viele Fällen,
den man versuchte abzustellen.

Doch dies war damals nicht so leicht,
man hat auch praktisch nichts erreicht,
es ließ die Hoheitsmacht bald grüßen
und manche mussten bitter büßen.

Da hat doch mancher wohl gedacht:
„Was henn die Dabbschädel gemacht?
Ja – henn die dann ach was erreicht?
Des waren Dabbschädel – vielleicht!
Die sperrt mer gar in ´s Zuchthaus ei:
So dabbisch derf mer halt net sei!"

Doch heute – dies vergesset nicht,
sieht man es ganz in anderem Licht,
sieht man die Fahne Schwarz – Rot - Gold,
man darum heut bedenken sollt,
die steht als Demokratenzeichen,
das konnten Dabbschädel erreichen.
Und könnten wir in Freiheit leben,
hätt´s nicht die Dabbschädel gegeben?

So enden hier nun die Gedichte,
der Dabbschädel – aus der Geschichte.
Seid um das Wort drum nicht beleidigt,
auch der – der nur sein Recht verteidigt,
gehört zu diesen „Sogenannten",
ich wünsche, man hat mich verstanden,
wenn nicht – dann war es ein Versuch:
Und damit schließe ich dies Buch
und hoff´– dass es – wenn auch nicht allen,
ein kleines bissel doch gefallen.

Wem ´s nicht gefällt – fällt mir noch ein:
Der kann ja selber einer sein.

Paul Tremmel

Nachtrag des Autors
Anstoß zu diesem Buch gab auch jemand anlässlich
der Rede, eines erfolgreichen Unternehmensführers,
der schmerzhafte Entscheidungen erläuterte.
Zitat: „Der Dabbschädel hott gut redde, der
verdient genung!"
Wenn man als Dabbschädel mit der Leitung eines
weltweit anerkannten und sehr erfolgreichen Unter-
nehmens betraut werden kann, ist wohl schwer vor-
stellbar, dass Dabbschädel eine Beleidigung ist:

Das ist jedenfalls meine Meinung.

Das letzte Wort soll hier nicht der Angeklagte, sondern sein Rechtsanwalt haben:

Es war meine Idee, Paul Tremmel dem Gericht als Sachverständigen zu benennen, als zu klären war, ob das Wort Dabbschädel eine Beleidigung sei. Denn bei Dialekten und im Besonderen bei unserer manchmal sehr direkten Pfälzer Mundart, braucht man Kenner, die uns die Wortbedeutungen erklären können. Und so einer ist Paul Tremmel nun mal ganz sicher. In der Pfalz und darüber hinaus bekannt und beliebt genug, dass man seine Auslegungen übernehmen kann. Ich bin froh ihn damals zu Rate gezogen zu haben, wenn mir auch die Schweigepflicht des Anwaltes verbietet zu erklären, wie die Prozesse endeten. Ganz besonders freue ich mich, dass er dieses Thema aufgegriffen hat, um daraus ein Buch zu machen.

Ich wünsche meinem Freund und Weinbruder zu diesem Buch den gleichen Erfolg, den er bei seinen vorhergegangenen Werken auch hatte.

Speyer im September 2007
Peter Reuther Rechtsanwalt